JN122758

ビジネスモデルの経営学

帝京大学経済学部経営学科教授

関根 勇 著

Isamu Sekine

共同文化社

はじめに：本書の狙い

　私は、帝京大学経済学部経営学科の関根勇と申します。2019 年 4 月より大学の教員をしていますが、それまでは富士ゼロックス（現：富士フイルムビジネスイノベーション）という会社に 39 年間勤めていました。海外の友人からは「よくもまあ 39 年間も同じ会社に勤めたね」と呆れられるのですが、私自身は、起業の経験こそないものの、ジョブ・ホッピングでキャリアを積み上げていく方と遜色のない様々な経験をさせてもらったと思っています。職種も、営業から始まりマーケティング、経理、企画、経営管理、変わったところでは、当時の小林陽太郎会長（故人：元経済同友会代表幹事）のスピーチ・ライターも経験しました。会社派遣で国際大学大学院を卒業した後に、当時の小林陽太郎会長の対外活動のサポートをしたのですが、私が英語で書いた原稿スピーチに小林会長の赤文字での修正が入り、ほとんど原文が残っていなかったのを今でも鮮明に憶えています。

　海外勤務もマレーシア、米国、シンガポールと 3 回経験し、マレーシアではマーケティング・マネジャーとして新市場を立ち上げ、米国ではファイナンス・マネジャーとして米国ゼロックス社に勤務し、同社の倒産危機からアン・マルケーヒー CEO（最高経営責任者）による企業再生劇を目の当たりにし、シンガポールでは短い期間でしたがアジア・太平洋地域統括会社 CEO として、オーストラリア、ニュージーランド海外子会社の不適切会計事件からの信頼回復に奔走しました。今思えば、私が海外勤務するタイミングは、いつも「平時」ではなく「乱気流（タービュランス）」だったような気がします。

　また、社外の様々なキャリアの人々と一緒に研鑽を積む機会も多く、小林会長（当時）が、第 3 次臨時行政改革推進審議会（会長：故鈴木永二元日経連会長）委員に就任した際は、民間協力員として霞が関の総務庁行革推進事務室（当時）に勤務したこともあります。そして、フォーラム 21（梅下村塾：www.forum21.gr.jp）という民間大手企業や主要中

央省庁の幹部候補生が一緒になって 1 年間研鑽を積む研修や、国連グローバル・コンパクト・ネットワーク・ジャパンが主催する「明日の経営を考える会」といった研修にも参加しました。これらの研修同期の多くは、今でもそれぞれの企業の経営幹部として活躍しています。

　私は、大学ではエベレット・ロジャースの「イノベーションの普及（Diffusion of Innovation)」という当時としては比較的斬新（？）な学問を専攻していたこともあり、画期的な新製品やサービスが世の中でどのように普及していくかにずっと興味を持ってきました。今ではローテクの代表となった普通紙複写機（Plane Paper Copier：以下 PPC）も、1959 年にゼロックス社（当時の名前はハロイド社、現ゼロックス・ホールディングス）によって「画期的なイノベーション」として市場導入されたものです。その後、リコーやキヤノンといった日本勢が加わり、1980 年代くらいからペーパーレス化が叫ばれながらも、複写機自体は、カラー化、アナログからデジタル化、ネットワーク化、複合機化といった進化を繰り返し現在に至っています。ゼロックス社も米国株式市場の老獪なアクティビストに翻弄されながらも現在（2021 年 6 月時点）でも何とか生き残っています。

　現在の私の生徒である「ミレニアル世代（あるいは Z 世代)」の若者は、「紙をコピーする」「PC やモバイル端末から紙にプリントアウトする」ということは滅多に行いませんし、やっと日本政府が重い腰をあげた「脱規制・脱ハンコ・脱紙文書」の動きも、デジタル化を進める上での喫緊の課題です。このようなデジタル化の中で、これまで複合機やプリンターで収益基盤を築いてきた企業がどのように事業改革を行っていくのか、今でも非常に興味深く見守っています。

　このようにビジネス・パーソンとして日々忙しく働いているうちに、私の中でいくつかの問題意識が湧いてきました。その一つ目が、製品やサービスそのものの競争力だけでなく、「収益化する仕掛け（今でいうマネタイズ）」も重要ではないかということです。普通紙複写機（PPC）業界、更に市場を広く定義してインクジェット・プリンターなども含めたプリンティング業界は、最初の普通紙複写機（PPC）が市場導入されて以来、ペーパーレス化

が叫ばれながらも約60年間なんとか事業として持ちこたえてきました。複合機自体は、紙送りなどのメカニック系の技術と、トナーなどのケミカル系の技術、コントローラーなどの電子系の技術といった3分野の技術が必要ですが、自動車や航空機等のような非常に部品点数が多い複雑系の製品に比べれば参入障壁は低いはずです。しかし、IBM（アイビーエム）やサムソン電子といった世界的な企業が複合機市場から撤退する中で、現在の主要複合機メーカーが生き残ってきたのは、「ビジネスモデル」の存在が大きかったのではないかと思います。ゼロックス社の最初の複写機「XEROX914」は「売切り」ではなく「レンタル制」で市場導入されることになりました。富士ゼロックスも日本市場への導入時は「売り切り」ではなく、大手企業を対象にした「レンタル制」でした。これは、今でいえば一種のサブスクリプション・サービスで、月間の固定支払費（95ドル）に加え、ある一定枚数（2,000枚）を超えた場合は1枚いくら（4セント）の従量課金になる仕組みでした。その後も、機械本体を売り切った（あるいはリース）後も、消耗品や修理費を含めた1枚当たりいくらといった従量課金制度は、特約店も含めた業界全体に安定した収益基盤をもたらしました。更には、2010年代に入り、大手顧客を中心に「マネージド・プリント・サービス（Managed Print Service)」という「アズ・ア・サービス（As a Service)」のビジネスモデルも導入されています。私自身、富士ゼロックスがマネージド・プリント・サービス（Xerox Office Service：XOS）を日本に導入した際の大手営業の責任者だったこともあり、ビジネスモデルの重要性とともに、既存の大企業がビジネスモデルを変えていくことの困難さも身にしみて感じました。

　これに加え、キヤノンやヒューレット・パッカード（以下HP）が市場をリードしてきたインクジェット・プリンターは、本体ではなく関連消耗品で収益を上げる「レーザー・ブレード・モデル（替え刃モデル）」の代表例ですし、それに続くセイコーエプソン社の「エコタンク・モデル」は少しずつ陰りが見えてきた「レーザー・ブレード・モデル」を延命化するものとして徐々に広まりつつあります。まさに、ICTとその

周辺産業は、ビジネスモデルがいかに重要かを示唆する事例の宝庫だと言えます。そのような業界に身を置いた者として、私もビジネスモデルに注目するようになりました。

　二つ目は、一度画期的な新製品・サービスによってイノベーションの事業化に成功した大企業が、なぜ再び画期的なイノベーションによって新たな事業を興していくことが難しいのかという問題です。イノベーションを生み出し、それを事業化するためには、新たな起業によるベンチャー企業も重要ですが、資本力や技術力、人材といった経営資源が豊富な大企業は、イノベーションの創出と事業化では更に有利なはずです。しかし、実際はそれをできない企業の方が多いというのが実態です。この問題は、故クレイトン・クリステンセン教授（ハーバード・ビジネス・スクール）の「イノベーションのジレンマ」の問題意識に始まり、最近（2019 年）のチャールズ・オライリー教授、マイケル・タッシュマン教授による「両利きの経営」に至るまで、経営学においても主要研究課題の一つとなってきました。

　富士ゼロックスという会社は、1957 年の創立から 2019 年 11 月に合弁契約が解消されるまで、富士写真フイルム（現富士フイルム・ホールディングス）と米国ゼロックス社（現ゼロックス・ホールディングス）の合弁会社でした。イノベーションや事業革新の問題を論じるにあたって、この両社の位置づけは対照的です。富士フイルム・ホールディングスが「10 年間で写真フイルム市場が消滅する」という危機に打ち勝った「両利きの経営」の成功企業として取り上げられる反面、ゼロックス社は「世界で最初にパーソナル・コンピュータ（以下 PC）を開発しながら事業化の意思決定ができなかった間抜けな会社」「キヤノンやリコーといった日本勢に市場シェアを奪われた哀れな米国企業」、そして最近では「アクティビストに翻弄されてダッチロールを繰り返す過去の名門企業」といった散々な評判です。

　この中でも特にゼロックス社がグラフィカル・ユーザー・インターフェース（以下 GUI）を搭載した PC の量産化に踏み切れずに、その後、GUI はマイクロソフト社やアップル社によって事業化され巨万の

富を両社にもたらすことになった話は、「Fumbling the Future: How Xerox Invented, then Ignored, the First Personal Computer（邦題：取り逃がした未来　世界初のパソコン発明をふいにしたゼロックスの物語）」として一冊の本にもなっています。同社は、PC だけでなく、インターネットが本格普及する10年以上も前にローカル・エリア・ネットワーク（LAN）としてワークステーション同士をつなぐ「イーサネット・ケーブル」なども開発しています。また、一般の人々には PDF ファイルで知られ、他社に先駆けてソフトウェア（アドビ Creative Suite）のサブスクリプション・サービス化に踏み切ったアドビシステム社や、現在ではデル社に吸収合併されましたが様々な電子文書管理技術によって大きくビジネスを伸ばしたドキュメンタム社などは、ゼロックス社パロアルト研究所（PARC）からスピンアウトした会社です。

このように、ゼロックス社はパロアルト研究所（PARC）によって現在の ICT 産業の隆盛を支える様々な新技術や新会社を世に送り出しながら、その成果を収益化することはできませんでした。その原因はいろいろと考えられますが、私は、当時のゼロックス経営陣が「直販中心でレンタル制を中心にした大手法人相手のビジネスモデル」から脱却することができなかったからだと考えています。天才アラン・ケイがパルアルト研究所で作った PC 第1号機（ALTO）は「大手企業相手の直販のセールス」にはあまり魅力的に映らなかったのでしょう。その後、ゼロックス社が発売した直販向けの「STAR」という法人の部門レベルで使うワークステーションは、富士ゼロックスも「J-STAR」として日本市場でも発売しましたが、一部の法人ユーザーには受け入れられたものの、結局は、ゼロックス社、富士ゼロックスともにワークステーション事業から撤退してしまいます。

これらは今ではだいぶ古い話になってしまいましたが、このように画期的な新技術を広く普及させて収益化するために、そして大企業が再びイノベーションによって事業変革するためには「ビジネスモデル」が非

常に重要なことを示唆しています。そういうわけで、イノベーションと
ビジネスモデルの関係を追究していくことも、私のライフワークとなり
ました。

　三つめは、米国株式市場での「アクティビスト」という存在の不思議
さ、面妖さです。既に述べたように、2010年代に入り、ゼロックス社
は、カール・アイカーンという米国市場でも名うての老獪なアクティビ
ストによって翻弄されてきました。同氏がゼロックス社の大株主になっ
たのは2010年代だと思われますが、同氏がゼロックス社の命運を大きく
狂わせたことは間違いありません。2009年に当時の女性CEOの代表的
存在だったアン・マルケーヒーからCEO職を引き継いだアシュラ・バー
ンズは同社では初めての黒人女性CEOとして注目を浴びました。アシュ
ラ・バーンズは、前任のアン・マルケーヒーから引き継いだサービス化
を更に進め、就任後まもなくアフィリエイテッド・コンピュータ・サー
ビシズ（ACS）というITサービス会社を買収しました。ポスト・マー
ジャー・インテグレーション（PMI）が思わしくなかったということもあ
りますが、2016年にゼロックス社は、カール・アイカーン等のアクティ
ビストによってACS買収前の状態に戻され、アシュラ・バーンズは突然
CEOを解任されます。（「突然」ではなかったのかも知れませんが筆者に
は「突然」に映りました）　また、2018年には富士フイルム・ホールディ
ングスとの間で一度はまとまっていた「ゼロックス社が富士ゼロックス
を合併した上で富士フイルム・ホールディングス傘下に入る」という話
も、カール・アイカーン等の反対によってご破算になってしまいまし
た。その後は、カール・アイカーンの発案だと思われますが、時価総額
が数倍大きいHP社の買収を公言して同社に断られる等、目を覆いたく
なるような醜態を見せています。大株主とは言え株式総数の過半数を
握っていない一部のアクティビストが何故こんなに影響力を発揮できる
のか、私には不思議でなりません。このような経緯で、アクティビスト
の「力のメカニズム」を解明するのも私のライフワークとなりました。

　冒頭から、大学の学部生にはちょっと難しい話になりましたが、以上の問題意識のもと、本書では、「ビジネスモデルの経営学」というタイトルで、主に経営学を専攻する大学の上級生（3、4 年生）や、ビジネス・スクールの学生、「ビジネスモデル」について考えてみたいビジネス・パーソンたち、を対象に執筆しました。「ビジネスモデル」に関しては、既に国内外で様々な書籍が発行されています。私も約 20 年前に「ビジネスモデル」に関心を持って以来、英文・和文で「ビジネスモデル」関連の多くの書籍を読んできました。読者の皆さんに、更に深く思索してもらうために、これらの中でも参考になる書籍を文中で紹介しながら進めていきます。

　本書は次の 4 部構成になっています。

　第 1 部では、「ビジネスモデルとは？」といった基本的な問いに始まり、経営学の中での位置づけや経営戦略との関係を模索していきます。また、ビジネスモデルを考える上で重要なこれまでの研究成果、あるいは議論の中心になってきたグル（Guru）達の書籍も紹介していきます。

　第 2 部では、ビジネスモデルを分析・構想するためのフレームワークをいくつか紹介し、そのうち、もっとも代表的な「ビジネスモデル・キャンバス」（アレックス・オスターワルダー＆イヴ・ピニュール）の 9 つの構成要素について、経営学やマーケティングの様々な基本原理や定説の紹介とともに、ビジネスモデルを構築するための私なりの実務的な視点も加えて解説していきます。

　第 3 部では、2021 年 6 月現在、企業時価総額で世界トップ 10 を独占する GAFAM（Google, Apple, Facebook, Amazon.com, Microsoft）が、どのようなビジネスモデルで経営されているのかを探索し、その探索を通じて ICT 産業のビジネスモデルの変遷を振り返ります。その後、ICT 産業の発展によって可能になってきた流通・小売業や製造業におけるビジネスモデルの変遷を様々な実例を挙げながら考察していきます。そして、企業を成功に導いてきたビジネスモデルの成立要件につ

いて筆者なりに探索していきます。

　第4部では、画期的な技術やプロダクト・イノベーションを広く普及させ、事業化や収益化するために、なにが重要なのかについて考えていきます。既に述べたように、この課題は、故クリステンセン教授の「イノベーションのジレンマ」などによって提起され、最近ではオライリー＆タッシュマン教授の「両利きの経営」で一つの区切りがつけられましたが、本書では、「イノベーションの普及学」や「キャズム（原題：Crossing the Chasm）理論」等の視点も加えて、この問題について考察していきます。「キャズム理論」は、市場導入当時は画期的といわれたハイテク関連の新技術や新製品が、イノベーションの普及曲線上の溝（キャズム）に落ち込み、普及が止まってしまうメカニズムを分析した非常に興味深いマーケティング理論です。この理論とともに「ビジネスモデル」にもイノベーションが必要であることを再提示し、最後に、筆者が考える「次の10年でビジネスモデル・イノベーションを実現する上で重要な視点」をいくつか提示したいと思います。

第3部：ビジネスモデルの変遷

第4部：イノベーションとビジネスモデル

第 1 部
ビジネスモデルの基本

ビジネスモデルとは、「顧客は誰か、顧客にとっての価値は何か、どのようにして適切な価格で価値を提供するのか?」という質問への答えである。

ピーター・F・ドラッカー

第1章

「ビジネスモデル」とは？

夢見ることができれば、それは実現できる。

ウォルト・ディズニー

■1 ビジネスモデルの定義

　21世紀に入り、「ビジネスモデル」という言葉は、ビジネス・パーソンの間で頻繁に使われるようになりました。「○○産業のビジネスモデルは競争力がある」「△△企業のビジネスモデルは米国企業のビジネスモデルを模している」といった具合にいろいろな文脈で使われています。また、2010年代に入って出版されたビジネス本でも、大前研一氏による「『ビジネスモデル』の教科書」[*1]、「勝ち組企業の『ビジネスモデル』大全」[*2]、野口悠紀雄氏による「世界史を創ったビジネスモデル」[*3]、三谷宏治氏の「ビジネスモデル全史」[*4]といった本はビジネス・パーソンの間でも広く読まれています。また、最近では、ビジネススクールを中心とした研究者たちによって様々な「ビジネスモデル」本が出版されていますが、そのわりには「ビジネスモデルの定義」ははっきりと決まっているわけではありません。

　今世紀に入り「ビジネスモデル」の学術研究をリードしてきたラファエル・アミット＆クリストフ・ゾット教授も、2011年に「ジャーナル・オブ・マネジメント」誌に発表した論文[*5]の中で、「研究者の間でも、3つの興味分野―eビジネスと組織内でのIT（情報技術）活用、価値創造や競争優位そして企業業績といった戦略的課題、イノベーションと技術のマネジメント―で別々（サイロ化されて）に研究が進められ

てきたために、ビジネスモデルとは何か、といった合意に達していない（筆者訳）」と認めています。

　早稲田ビジネススクールの入山章栄教授も、経営理論の研究成果をまとめた「世界標準の経営理論」[*6]の中で、「世界の経営学において、ビジネスモデルの研究はほとんど確立されていない」、「その理由の一つとして学術的にビジネスモデルの定義が定まっていない」と指摘しています。しかし、同時に、同教授も述べているように、様々な学者や実務家が唱えるビジネスモデル定義の中にも、ある一定の共通項があるのも事実です。以下、国内外の学者や実務家が唱えるいくつかの例を紹介していきたいと思います。

　　ビジネスモデルとは、事業機会の探索によって価値を創造するために、取引内容（コンテンツ）、構造（ストラクチャー）、取引ルール（ガバナンス）を描いたものである。（ラファエル・アミット＆クリストフ・ゾット、筆者訳）[*7]

　　ビジネスモデルとは、ある特定の企業やパートナーによって遂行される相互依存活動のシステム（the system of interdependent activities）であり、それぞれの活動を相互に連携させるメカニズム（the mechanisms that link these activities to each other）である。（ラファエル・アミット＆クリストフ・ゾット：2020年の再定義、筆者訳）[*8]

　　ビジネスモデルとは、ある組織が、どのように、価値を、創造し、顧客に届け、収益化するかを論理的に記述したものである。（アレックス・オスターワルダー＆イヴ・ピニュール）[*9]

　　ビジネスモデルとは、4つの互いに拘束し合う要素（顧客価値の提供、利益方程式、主要経営資源、主要プロセス）からなり、それらが組み合

わさって価値を生み出すものである。（クレイトン・クリステンセン＆マーク・ジョンソン）[10]

ビジネスモデルは、企業がどのように機能するかを説明するストーリーである。良いビジネスモデルは、「顧客はだれで？顧客価値とは何で？我々はこのビジネスでどのようにお金を儲けるのか？我々が適正なコストで顧客に価値を届けるにはどのような経済理論に準拠すべきか？」といったピーター・ドラッカー時代のすべての経営者が尋ねる基本的な問いに答えるものである。（ジョアン・マグレッタ）[11]

ビジネスモデルとは、企業がどのようにして価値を創造して顧客に届けるかのアーキテクチャー、そして、その価値を収益化するためのメカニズムを描くものである。さらに、ビジネスモデルのエッセンスとは、適正なデザインやバリュー・チェーンの様々な要素別オペレーションを通じて、企業が、顧客ニーズや顧客の支払い能力を具体化して、どのように顧客ニーズに応えて価値を顧客に届けるかを定義して、その価値に対して顧客がお金を払うように仕向け、それらの支払いを収益に転換することである。（デビット・ティース：筆者訳）[12]

ビジネスモデルとは、パートナーや市場といった環境と企業との関係における価値創造・提供の設計（アーキテクチャ）である。それは、自社にしか提供できない価値を、どのような能力と活動から創り出し、どのような顧客にどのようにして届けて、優れた収益とコストの構造を構築するかという枠組みである。（野中郁次郎他）[13]

ビジネスモデルとは、企業が事業を遂行するための具体的な手段や方法を指す。いかなる顧客を対象として、どのような商品やサービスを、どのように提供するかといったことだ。（野口悠紀雄）[14]

ビジネスモデルとは、ビジネスシステムと利益を取る仕組み（利益モデル）と考えればいい。ビジネスシステムとは、ある産業の中で自社が仕事として何を行うか（たとえば、製造業でファブレス〔工場を持たない〕で開発だけを中心業務とするのか、小売業で自社店舗をもちながら製品開発をも中心業務に位置づけるのか）についての仕組みである。自社の中心業務以外は他社と分業をする（部品は外部から買って、自社は組み立て業務を中心とするなど）ことになる。利益モデルとは、自社の利益を上げるためにどんな業務を中心に据えるかというものである。そのビジネスモデルを転換して、たとえば自動車メーカーがクルマを売って儲けるのではなく、リースという仕事をビジネスに組み込んで、貸して稼ぐ利益モデルに転換する例がある。他の産業でもあるのだが、サブスクリプション（課金モデル）というビジネスモデルである。（伊丹敬之 *15）

　少々引用が長くなりました。このように、ビジネスモデルそのものに対する定義でも、「論理的に記述したもの」「システム」「メカニズム」「ストーリー」「アーキテクチャー」「具体的な手段や方法」「枠組み」「仕組み」といったように様々に表現されています。
　しかし、一方でこれらの定義に共通していることは、ビジネスモデルとは、「顧客を明確にして、顧客価値を創造し、届けるためのもの」であることと、「それを収益化しマネタイズするもの」であることです。したがって、本書では、ビジネスモデルの定義を「**狙った顧客に価値を提案し、その価値を届けるために必要な社内外の経営資源（リソース）を設定し、収益を上げていくための一連の仕組み**」としたいと思います。

２「ビジネスモデル」の位置づけ

　筆者は2019年より実務家教員として大学で経営学を教えることになったため、あらためて「経営学概論」や「経営学入門」といったタイ

トルの本を何冊か購入して読んでみました。しかし、2015年くらいまでに出版された経営学の教科書的な本で「ビジネスモデル」にページをさいているものはほとんどありません。一部のMBA向けの経営戦略の本の中で数ページ「ビジネスモデル」についての言及がある程度なのです。最近では、三谷宏治氏の「新しい経営学」*16 など、ビジネスモデルの要素がいろいろな形で盛り込まれている本も出ていますが、少なくとも日本においては学部生レベルの授業や教科書では「ビジネスモデル」が論じられることはほとんどありません。

また、先ほど紹介した定義と同様に、経営戦略と「ビジネスモデル」の境界線は非常にあいまいです。実は、この背景には「経営戦略」の定義もあいまいだということもあるのですが、最近では「ビジネスモデル戦略」「ビジネスモデル・イノベーション戦略」といったタイトルの本まで見受けられます。そこで、戦略と「ビジネスモデル」はどう違うのかを、筆者なりに整理してみたいと思います。

まず、競争戦略の大家であるマイケル・ポーター教授は、ハーバード・ビジネス・レビュー誌の戦略担当編集者であったジョアン・マグレッタのインタビューに、以下のように答えています。

　　ビジネスモデルという用語は広く使われていますが、正確に定義されていませんね。だから「戦略」と同様、残念ながら人によって違う意味で使われています。だがこの概念も役に立つことがあります。新規事業を始めたいのだが、はたしてうまくいくのか、どういうしくみにすればよいのかがまだはっきりとわからないとき、ビジネスモデルと言う概念を使うと、最も基本的な質問に集中できる。どうやって利益を上げるのか？コストはどれほどになるか？売上はどこから得るのか？収益のあがる事業にするにはどうすればいいか？　売上を得る方法はさまざまあり、ビジネスモデルのレンズはこうした可能性を探るのに役立つのです。とはいえ、ビジネスモデルは競争優位の構築や分析に使えませ

ん。それは戦略の役割です。戦略はどうやって利益を上げるかという、基本的な存続性に関わる問題を超えて、もっと複雑な質問を投げかけます。競合他社を上回る利益を上げるにはどうすればいいか、どうしたら卓越した収益を生み出せるのか、またその優位を長期間持続させるにはどうすればいいのかという問題です[*17]。

　また、この本の著者であるジョアン・マグレッタは、2002年のハーバード・ビジネス・レビュー誌の中で、「持続する組織は必ず健全なビジネスモデルの上に成り立っている」ものの、「ビジネスモデル」には「競争」という要素が入っていないため、それに対処するのが「戦略」の役割だと述べ、非常に簡潔に「ビジネスモデル」と「戦略」の間に境界線を引いています。

　一方で、後述するヘンリー・チェスブロウ教授は、同僚のリチャード・ローゼンブルーム教授とともに、ビジネスモデルの役割として、①バリュー・プロポジション（value proposition）を明確にすること、②マーケット・セグメント（market segment）を見つけること、③企業のバリューチェーン（value chain）の構造を明確化すること、④企業が収益を得るメカニズム（収益のアーキテクチャ）を特定すること、⑤企業のポジションをバリューネットワーク（value network）の中で確認すること、そして、最後に⑥ライバル企業に勝つための競争戦略（competitive strategy）を策定すること、といった6つを挙げています[*18]。これによると、競争戦略はあたかも「ビジネスモデル」の一構成要素のようですが、①から⑤の役割と⑥の競争戦略を策定するという役割は明らかに一線を画しているという面では、M. ポーター教授の見解と一致しています。

　最近では、「サブスクリプション」という収益化のためのビジネスモデル（本書では「定石」と呼びます）が頻繁に議論され、遂にクルマのサブスクリプション・サービスまで登場しています。当然のことですが

「サブスクリプション」というビジネスモデル自体が競争優位を生み出すわけではありません。実際、早々にサブスクリプションを導入しながら既に止めてしまっている企業も多く見られます。既に競争状態にある事業に、「定石」化されたビジネスモデルを充ててもすぐに追随されるだけです。やはり、その背景として確固たる競争戦略が必要になってきます。

しかし、その反面、民泊のプラットフォームであるエアビーアンドビー（Airbnb）やライドシェアのウーバー（Uber）の成功は、競争戦略の視点だけでは説明できません。また、アマゾン・ドットコムの創業者であるジェフ・ベゾス氏も徹底した「顧客第一主義」を掲げ「ライバル（競争相手）は誰か？」という質問には決して答えることはありません。このように1990年代後半から21世紀に入って隆盛をきわめるeビジネスを説明するためには、「ビジネスモデル」の視点を欠かすことはできません。

本書では、「ビジネスモデル」と「戦略」は一線を画した上で、競争戦略との関係でいえば、「ビジネスモデル」だけでは競争優位を獲得できないものの、競争優位を獲得するためには「競争戦略」を立案して「ビジネスモデル」への落とし込みが必要だと考えます。その上で、「ビジネスモデル」の各構成要素を考え、それらを有機的に結合させるために、競争戦略理論やマーケティング理論、そしてイノベーション理論が威力を発揮すると考えます。

以下、起業して会社を成長軌道に乗せたいケースや、新しい技術や製品・サービスを世に送り出したいケース、一度は成功した企業が事業を革新するケースなどで、いかに競争戦略やマーケティング理論、イノベーション理論で武装されたビジネスモデルが重要かを考察していきたいと思います。

3 ビジネスモデルの「定石」

　これまでのビジネスモデル研究の一つの成果として、過去に成功したビジネスモデルを整理して、いくつかのカテゴリーに分けながら提示されたことが挙げられます。クリステンセン＆ジョンソンは、このようなビジネスモデルの成功例を「アナロジー」と呼んで、20種類のパターンを提示しています[19]。また、ヨーロッパでは、スイス・ザンクトガレン大学のオリヴァー・ガスマン教授らは、「ビジネスモデルナビゲーター」[20] の中で、55のウィニング・ビジネスモデル（勝ちパターン）を提示しています。

　日本においても、今枝昌宏氏は、「ビジネスモデルの教科書」[21] の中で事業レベルでの23のビジネスモデルを、さらに「ビジネスモデル上級編」[22] では上位レベルでの20のビジネスモデルを紹介しています。また、早稲田ビジネススクールの根来龍之教授らによって出版された「この一冊で全部わかる　ビジネスモデル　基本・成功パターン・作り方が一気に学べる」[23] の第2部では、「ビジネスモデル大図鑑」として、戦略モデル、オペレーションモデル、収益モデル、コンテキストといった4つのカテゴリーに分けて63のビジネスモデルが提示されています。筆者はこのようなアプローチは非常に有益でわかりやすいものだと思いますが、これらのビジネスモデルがなぜ成立するのかといった背景を理解しておく必要があります。

　本書では、このような過去の成功パターンを「ビジネスモデルの定石」と呼びたいと思います。「定石」とは、「囲碁の用語で、最善手とされる決まった打ち方のこと」です。棋士にとって「定石」を知ることは非常に重要ですが、約3,000手あるといわれる「定石」は上級者であればあるほど全員が知っていることなので、それだけでは囲碁の対局に勝つことはできません。対局で勝つためには、対局の中での流れ、相手の出方、先手を読む棋士の構想力等々、ありとあらゆる要素が必要になっ

てきます。しかし、「定石」を知らなければ、おそらく対局の場におもむくことさえもできないでしょう。ただ、ビジネスモデルの「定石」と囲碁や将棋における定石（将棋は「定跡」）の違うところは、ビジネスモデルの「定石」は、インターネットに代表されるICT（情報通信技術）などの技術進化によって大きく変遷しているということです。棋士の方からは「それは定石と呼ばない」と言われそうですが、1980年代中盤の本格的なパーソナル・コンピュータ（PC）の登場、1990年代中盤からのインターネット、21世紀に入ってのSNSやスマート・フォンの本格的普及などによって、従来までの「定石」は新たなデジタル社会の「定石」によって上書きされてきたといってもよいでしょう。したがって、「ビジネスモデルの定石」を論じる時は、その時代的な背景や技術の進化、そのビジネスモデルの裏にある競争戦略でいうところの「クリティカル・コア」の理解が必要になってきます。すべての羅列は既述の本を参考にしていただくとして、本書では、第3部で、筆者自身が経験的に重要だと考える「ビジネスモデルの定石」を、その変遷とともに論じていきたいと思います。

第2章

「ビジネスモデル」のグル（Guru）たち

二流のテクノロジーでも一流のビジネスモデルに活用されたほうが、
一流のテクノロジーが二流のビジネスモデルに活用された場合より、
多くの利益をもたらすことが多い。

ヘンリー・チェスブロウ

　「Thinkers 50」は、2001年に始まり2年に一度発表が行われる「経営思想界のアカデミー賞」といわれているほど注目度の高い米国のランキング制度です。この中には、経営学の研究者だけでなく実務家や著述家も多くランキングされています。マイケル・ポーター、クレイトン・クリステンセン、ヘンリー・ミンツバーグ、チャン・キム＆レネ・モボルニュといった経営学を専攻している人々なら誰でも知っているような著名な経営学者も当然ランクインされていますし、日本からも、過去には大前研一氏や野中郁次郎教授が選ばれています。何にでも順番をつけたがる米国らしい発想なのですが、ここに選ばれる人々を「ビジョナリー」や「マネジメントのグル（Guru）」と呼ぶことが多いのです。グル（Guru）とは、サンスクリット語で「師」「教祖」「指導者」などを意味する言葉だそうです。日本社会の中では、オウム真理教の麻原彰晃がグルと呼ばれていたり、「二人はグルだったのか」というように悪だくみの共謀者を指したりと、あまり良い意味には使われませんが、ここでは「ビジネスモデルの議論や洞察に影響を与えてきた人々」「ビジネスモデルに関する様々な試金石を提供してきた人々」といった意味で使

います。21世紀に入り、デジタル技術の急速な進歩で、経営学書に出てくる事例や製品がすぐに陳腐化するので定期的な改定が必要ですが、何回もの改版を重ねてきた書物や理論は今でも十分参考に値します。

「ビジネスモデル」という用語が頻繁に使われるようになったのは、1990年代後半から21世紀にかけて、インターネットが広く普及し始めてからになります。ここでは、この30年強の間に「ビジネスモデル」議論に影響を与えてきたグル（Guru）達を、筆者の独断と偏見により紹介したいと思います。

■ スライヴォツキー＆モリソンの「プロフィット・ゾーン」

エイドリアン・スライヴォツキーとデイビット・モリソンは、ハーバード・ビジネス・スクールを卒業し、ボストンに本拠を置く戦略コンサルティング会社を設立したコンサルタントです。彼らによって出版された「プロフィット・ゾーン経営戦略」*24 は、「持続的かつ卓越した収益性で企業に莫大な価値をもたらす領域」をプロフィット・ゾーンと定義し、「ビジネス・デザイン」という言葉で22の収益性を上げるための事例を紹介しています。「ビジネス・デザイン」という言葉を「ビジネスモデル」に置き換えれば、この本が、その後のビジネスモデル研究に一石を投じていることは明らかです。製品を中心にした市場シェア至上主義を否定し、顧客と利益を中心にした新たな「ビジネス・デザイン」の再構築（リインベンション）を提唱しています。これは、事業革新にはビジネスモデルのイノベーションが必要だという、後述するグルたちの主張と相通ずるものがあります。スライヴォツキーは、更に「ザ・プロフィット」「ザ・ディマンド」を出版して事例を追加しており、これらの事例は、現在の収益型ビジネスモデルの原型を提供しています。

❷ ゾットとアミットによるビジネスモデル論の問題提起

　スペイン IESE ビジネススクール教授であるクリストフ・ゾットと米ペンシルバニア大学ウォートンビジネススクール教授のラファエル・アミットは、「ビジネスモデル」を、実務家だけでなくアカデミック（学究的）な世界の研究課題として捉え、「ストラテジック・マネジメント・ジャーナル」や「ジャーナル・オブ・マネジメント」にいくつかの重要な論文を発表しています。

　2001 年に「ジャーナル・オブ・マネジメント」に発表された「VALUE CREATION IN E-BUSINESS」論文では、e ビジネスを「売上の大きな比重（少なくとも 10％）を占める部分を、インターネットを通じた取引に由来する企業」と定義し、1990 年代後半に新規上場された企業を中心にケース・スタディを実施し、過去の経営学上の理論を適用しながら、e ビジネスの価値創造の源泉として、①効率性（Efficiency）、②補完性（Complementarities）、③囲い込み（Lock-in）、④新奇性（Novelty）という 4 つの要因を挙げています。（この 4 つは本書でも第3 部で紹介します）

　また、2011 年に「ストラテジック・マネジメント・ジャーナル」に発表した「The Business Model: Recent Development and Future Research」論文は、既に「ビジネスモデルの定義」の章で紹介しましたが、2000 年代までのビジネスモデルに関する様々な研究者の研究成果を整理しながらも、「ビジネスモデル」の定義が定まっていないことや、経営学の専門誌への投稿がほとんどないことを指摘し、将来の「ビジネスモデル」研究の方向性を示唆しています。この論文での問題意識は、2020 年の 2 人の著作である「Business Model Innovation Strategy」[*25] に結実しています。

❸ クリス・アンダーソンの3部作

クリス・アンダーソンは、科学雑誌ネイチャーの編集者や、eビジネスや産業界の最新動向のアンテナ誌である「WIRED（ワイアード）」の編集長を歴任し、その後、3DロボティックスのCEO（最高経営責任者）を務めています。「ロングテール（Longtail：2006年）」*26「フリー（Free：2009年）」*27「メイカーズ（Makers：2011年）」*28といった3部作を刊行し、ビジネスモデルへの関心を一気に高めました。

「ロングテール」は、アマゾン・ドットコムや楽天などのエレクトロニック・コマース（電子商取引：以下EC）の最大の優位点である「豊富な品揃え」を恐竜のしっぽに例えた比喩です。「ロングテール」という言葉自体がビジネス・パーソンの間でよく使われるようになりました。「ヒット商品を出す」「売れ筋を絞る」ということが在庫を最適化して効率的にビジネスを運営するためのビジネスの基本だったはずですが、ロングテールはその逆です。従来までなら、ロングテールで在庫を持てばあっという間に資金繰りが苦しくなるのですが、デジタルなどの新技術が1年に1回や2回しか注文されることのない「ニッチ商品」の品揃えを可能にしました。

次に「フリー」は日本語で訳せば「無料」という意味ですが、同書では無料を起点にした収益化の方法を4つに分類して述べています。この4つの分類の詳細は第3部で説明しますが、「値段が無料」ということの意味を考えさせられる示唆に富んだ本だと思います。日本においては、昔から「ただより高いものはない」「損して得を取れ」といったような商売に関する格言がありましたが、現代のビジネスを考える際にも、「無料」への対処は重要な経営課題の一つになっています。「損して得を取れ」の発想で課金ポイントをずらす方法への対処もそうですが、メディア産業ではネットの無料ニュースサイトや無料情報誌との差別化、教育界では無料オンライン公開講座であるMOOCs（Massive

Open Online Courses：ムークス）との差別化などが、今後益々重要になってくると思います。また、Wikipedia（ウィキペディア）やLinux（リナックス）のように、ある日突然人々の善意による無料サービスが登場して、これまで有料だった製品・サービスの価値が一気に減少するといったことも起こります。そもそも、インターネット（プロバイダーに払っているのは接続料）やウェブ・サイトのワールド・ワイドウェブ（www）の使用料自体は無料ですので、インターネット環境自体が様々な人々の善意で成り立っているといえるのです。このように、「フリー」は「無料への対処」の重要性を考えさせてくれました。

　最後に「メイカーズ」ですが、これも製造業（メイカーズ）の将来を示す良書だと思います。20世紀までは、製造業の追求する経済性原理は、「規模の経済」の追求による大量生産でした。このようなロジックのもとでは、大企業であること自体が競争優位をもたらしました。しかし、3Dプリンタや3Dスキャナーなどの登場によって、個人のアイデアを簡単に製品化することができるようになりました。そして、マス・カストマイゼーションという新たな製造方式の普及や、クラウド・ファンディングといった新たな資金調達方法、国をまたがった越境EC、更にはメーカーがネットを通じ直接エンドユーザーにものを届けるダイレクト・ツー・シー（D2C）の流れは、個人や中小企業でも十分戦っていけるという「製造業の未来」を暗示しているといえます。このように、クリス・アンダーソンの3部作は、ビジネスモデルを考えていくための大きな試金石を提供してくれました。

４ ヘンリー・チェスブロウの「オープン・イノベーション」

　ヘンリー・チェスブロウは、ハーバード大学経営学研究所やカルフォルニア大学バークレー校のハース・スクール・オブ・ビジネス教授を歴任していますが、研究者だけでなくハイテク企業の幹部やコンサルタン

トなどの幅広いビジネス経験があります。日本語に訳されている出版物
としては、「オープン・イノベーション」*29「オープン・ビジネスモデ
ル」*30「オープン・サービス・イノベーション」*31 の3部作があります
が、「オープン・イノベーション」という概念は、日本でも、イノベー
ション研究の研究者たちだけでなく、研究開発に携わる実務家にも大き
な影響を与えています。

　1970年代から1980年代に世界を席巻した日本の電機産業ですが、当
時は日本の製造業は、自社あるいは自社グループ内で完結する「自前主
義」の研究開発が中心でした。チェスブロウ教授は、他社や大学などの
研究機関と連携して研究を進めていくオープン・イノベーションの重要
性を説き、この後、日本でも様々なオープン・イノベーションに関する
研究が進みました。また、2010年代に入って出版された「オープン・
サービス・イノベーション」では、自社のビジネスモデルをサービス化
によって変革していく有用性が述べられています。ゼロックス社は、
「オープン・イノベーション」の中では旧来型のクローズド・イノベー
ションの代表例として登場しますが、「オープン・サービス・イノベー
ション」では、サービス化によってビジネスモデルを変革した成功例と
して挙げられています。

　そして、チェスブロウ教授の研究成果の意義は、イノベーションその
ものの重要性とともに、新技術がイノベーションとなり、更に事業化・
収益化するにあたって、いかに「ビジネスモデル」が重要かを訴えた点
です。同教授は、「テクノロジー自身には固有の価値はない。テクノロ
ジーを市場に投入するためのビジネスモデルが価値を決定する」と喝破
しています。そして、さらに「ドミナント・ロジック」(dominant log-
ic) という概念にも言及しています。同教授は、「ドミナント・ロジッ
クとは、企業がどのようにして競争をして利益を上げるかについての企
業内での支配的な考え方」*32 と定義していますが、既存企業では、この
ドミナント・ロジックにより意思決定の選択肢が限定されることにな

り、ビジネスモデルを見直すこと難しいと指摘しています。本書の中でも第 4 部で、既存大企業が新たなイノベーションに適応できない事例をいくつか挙げていきますが、チェスブロウ教授のこれらの指摘によって筆者もビジネスモデルとイノベーションに関する問題意識を持つようになりました。**（図表 1-1）**

図表 1-1 チェスブロウの説くビジネスモデルの役割

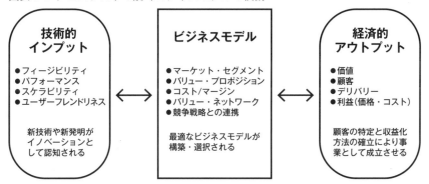

出所：ヘンリー・チェスブロウ著「OPEN INNOVATION」（産業能率大学出版部）P.82 をもとに筆者が加筆

5 クリステンセン&ジョンソンの「4つの箱」

　ハーバード・ビジネス・スクール教授だったクレイトン・クリステンセン教授は残念ながら 2020 年に亡くなりましたが、同教授が「イノベーションのジレンマ」[*33] で残してくれた「破壊的イノベーション」という概念は、イノベーション研究にとって非常に重要な試金石となりました。そして、同教授はビジネスモデル研究についてもいくつかの功績を残しています。戦略コンサルティング会社であるインノセント社の共同創業者のマーク・ジョンソン氏とともに、ビジネスモデルを革新していくこと、即ちビジネスモデル・イノベーションの重要性を説き、次のような「4つの箱」を提示しています。**（図表 1-2）**

　そして、マーク・ジョンソン氏は「ホワイトスペース戦略」[*34] の中で

図表1-2 クリステンセン&ジョンソンの「4つの箱」

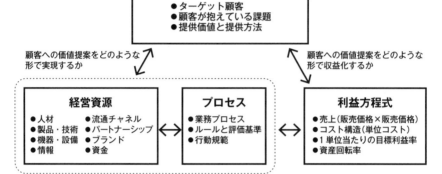

出所：マーク・ジョンソン著（2011年）「ホワイトスペース戦略」（阪急コミュニケーションズ）を
もとに筆者が加筆・修正

も、未開拓の市場である「ホワイトスペース（空白）」を開拓するため
には、既存のビジネスモデルではなく、「4つの箱」によって裏打ちさ
れた新たなビジネスモデルを構築すべしと説き、ビジネスモデル・イノ
ベーションの重要性を説いています。

　また、クレイトン教授は、自ら提起した「イノベーションのジレン
マ」の答えとして「ジョブ理論」[*35]を唱えています。「ジョブ理論」
は、ビジネスモデルの心臓部である「価値提案（バリュー・プロポジ
ション）」構築のために非常に有用な概念です。「ジョブ」の定義は、
「特定の状況で顧客が成し遂げたい進歩」ということですが、自社の製
品・サービスありきではなく、まず顧客の解決したいジョブを見極める
ことの重要性を訴えています。

　このように、両氏の研究は、「何故、大企業は再びイノベーションに
よって新事業を興せないのか」という筆者の問題意識に多くの示唆を与
えてくれました。

⑥ ゲイリー・ハメルの「5つのイノベーション」

　ゲイリー・ハメルは、ハーバード・ビジネス・スクールやロンドン・ビジネス・スクールで教鞭をとっていましたが、シカゴ拠点の世界的な国際的なコンサルティング会社ステラテゴスの創設者としても有名です。1995年にC・K・プラハラッドと共著の「コア・コンピタンス経営—大競争時代を勝ち抜く戦略」*36 で提唱した「コア・コンピタンス」という概念はビジネス・パーソンの間でも一世を風靡しました。そして、21世紀最後の年である2000年の時点で「革新的ビジネスモデルが競争優位の源泉」だと断じています。その後も、「経営の未来」*37 や「経営は何をすべきか—生き残るための5つの課題」*38 といった企業経営者に対する啓発的な本や論文を著わしており、研究者や実務家というよりも「経営思想家」としてグル（Guru）という表現がぴったりな人です。

　このハメルが、「ハーバード・ビジネス・レビュー」2013年3月号*39 の中で、「5つのイノベーション」というイノベーションのピラミッド構造を提示しました。人間の欲求を説明するマズローの「欲求5段階説」は有名ですが、これは「イノベーション5段階説」とも言えます。「マネジメント・イノベーション」を最上位におき、「オペレーションのイノベーション」を最下位において、上位に位置付けられる程、競争優位を維持できる期間が長くなると説いています。「ビジネスモデル・イノベーション」は3番目に位置付けられており、製品・サービスのイノベーションを超えて業界のルールを変えて10年以上の競争優位をもたらす、と定義しています。同時にハメルは、日本企業は2番目の「構造的イノベーション」で苦悩していると述べ、「構造的イノベーション」の例としてiPodを挙げています。即ち、iPodは、物的な新製品というよりも、レコード会社を説得して「合法的に楽曲をインターネット上で販売できるようにして産業構造全体を変革したイノベーション（仕組みの変革）」ということになります。ハメルは、この「構造的イノベー

ション」と「ビジネスモデル・イノベーション」を区別して論じていますが、本書では、この両者を含めて「ビジネスモデル・イノベーション」と呼んでいきたいと思います。**(図表 1-3)**

図表 1-3 ゲイリー・ハメルの「5 つのイノベーション」

- **マネジメント・イノベーション**
  人間が働く方法自体を刷新し、永続的な競争優位を確立
- **構造的イノベーション**
  キャッシュレス決済・共通 OS・iPod 等、産業全体の構造的刷新
- **ビジネスモデル・イノベーション**
  製品・サービスを超えて業界のルールを変え、10 年以上の優位性を確立
- **製品やサービスでのイノベーション**
  新製品・新サービス等で 6 ヶ月で追随・模倣される
- **オペレーション上のイノベーション**
  製造の効率化・アウトソース等で長期的な競争優位は確立できない

出所：DIAMOND ハーバードビジネス・レビュー「創刊 90 周年記念号　経営の未来」2013 年 3 月号、PP.58-60 をもとに筆者作成

7 オスターワルダー＆ピニュールの「ビジネスモデル・キャンバス」

　アレックス・オスターワルダーとイヴ・ピニュールの「ビジネスモデル・ジェネレーション」[*40] は、9 つのビジネスモデルの構成要素とともに「ビジネスモデル・キャンバス」というビジネスモデル構築のフレームワークを提示しました。国内外の研究者からいくつかのビジネスモデルが提示されていますが、2 人の提示した「ビジネスモデル・キャンバス」はなんといってもわかりやすいのです。この「ビジネスモデル・キャンバス」は第 2 部で詳述しますが、みんなでアイデアを出しやすい構成になっています。この本の共著者として「45 ヵ国 470 人の実践者」が挙げられていますが、既に世界の主要国に広まっており、日本でも、新しいビジネスを構想するツールとして、様々な研修プログラムを通じて広まっています。

　その後、「バリュー・プロポジション・デザイン」[*41] といった「ビジネスモデル・キャンバス」で最も重要なパーツであるバリュー・プロポ

ジションの作り方を補足するものや、「ビジネスモデル・キャンバス」
を個人のキャリア開発に応用した「ビジネスモデル YOU」[*42] といった
シリーズ本が出版されており、日本でもこれらの訳本をはじめとして
「ビジネスモデル・キャンバス」を実践するための様々な本が出版され
ています。また、2020 年（日本語訳は 2021 年）には「インビンシブ
ル・カンパニー：無敵の会社を作った 39 パターンのビジネスモデ
ル」[*43] で、既存のビジネスモデルと新たに探索するビジネスモデルを
様々な形で組み合わせていくことが、破壊的創造によるインビンシブル
（無敵の）・カンパニーを創るとして様々な事例を紹介しています。

　これらのグルたちの他にも、本書では、マーケティング近視眼（マイ
オピア）で有名なセオドア・レビット教授、近代マーケティングの父と
いわれるフィリップ・コトラー教授、イノベーションの普及理論で有名
なエベレット・ロジャース教授、競争戦略の大家マイケル・ポーター教
授、「ブルーオーシャン戦略」のチャン・キム＆レネ・モボルニュ両教
授、キャズム（Chasm）理論で有名になったジェフリー・ムーア氏、
最近「2030 年すべてが『加速する』世界に備えよ」[*44] といった非常に
興味深い本を刊行したピーター・ディアマンディス氏とスティーブン・
コトラー氏、イギリスの科学・経済啓発家で「繁栄　明日を切り拓くた
めの人類 10 万年史」[*45] や「人類とイノベーション」[*46] といったより長
期的な視点からイノベーションを考えるマット・リドレー氏等の理論や
アイデアを参考にしていきます。日本では、常に世界のリーダーたちに
対して深い洞察力に基づいた提言を行ってきた大前研一氏、世界の知識
経営（Knowledge Management）研究をリードしてきた野中郁次郎一
橋大学名誉教授等の世界的なグル（Guru）のアイデアも参考にしてい
きたいと思います。また、早稲田ビジネススクール山田英夫教授の「逆
転の競争戦略」[*47]、「競争しない競争戦略」[*48]、「成功企業に潜む　ビジ
ネスモデルのルール」[*49] は、競争戦略に裏づけられたビジネスモデルの

重要性を説き、実践的な事例も豊富で、本書でもいくつかの事例紹介の
参考にします。

第1部 注

1.　大前研一（2016）「『ビジネスモデル』の教科書」（KADOKAWA）

2.　大前研一（2018）「勝ち組企業の『ビジネスモデル』大全」（KADOKAWA）

3.　野口悠紀雄（2017）「世界史を創ったビジネスモデル」新潮選書

4.　三谷宏治（2014）「ビジネスモデル全史」ディスカヴァー・トゥエンティワン

5.　Zott C. & Amit R., Massa L. (2011), The Business Model: Recent Developments and Future Research, Journal of Management, Vol.37 No.4, July 2011 1019-1042

6.　入山章栄（2019）「世界標準の経営理論」ダイヤモンド社、P.727

7.　Zott C. & Amit R. (2001), Value Creation in E-Business, Strategic Management Journal, vol 22, PP.493-520

8.　Zott C. & Amit R. (2020), Business Model Innovation Strategy, Wiley, P.13
　　ゾットとアミットは2010年代に入り、ビジネスモデルの定義をアップデートしている。

9.　アレックス・オスターワルダー＆イヴ・ピニュール、小山龍介訳（2012）「ビジネスモデル・ジェネレーション　ビジネスモデル設計書」翔泳社、P.14

10.　マーク・ジョンソン、クレイトン・クリステンセン、ヘニング・カガーマン（2009）「Reinvesting Your Business Model：邦題（ビジネスモデル・イノベーションの原則）」DIAMOND　ハーバード・ビジネス・レビュー2009年4月号

11.　ジョアン・マグレッタ（2002）「Why Business Model Matters（邦題：ビジネスモデルの正しい定義）」DIAMONDハーバード・ビジネス・レビュー2002年8月号

12.　Teece D.J.（2010）, Business Models, Business Strategy and Innovation, Long Range Planning 43, PP.172-175

13.　野中郁次郎、遠山亮子、平田透（2010）「流れを経営する―持続的イノベーション企業の動態理論」東洋経済新報社、P.413

14.　野口悠紀雄（2017）「世界史を創ったビジネスモデル」新潮選書、P.17

15.　伊丹敬之（2020）「日本企業の復活力　コロナショックを超えて」文春新書、PP.165-166

16.　三谷宏治（2019）「すべての働く人のための新しい経営学」ディスカヴァー・トゥエンティワン

17. ジョアン・マグレッタ、櫻井祐子訳（2012）「エッセンシャル版　マイケル・ポーターの競争戦略」早川書房、PP.271-272

18. ヘンリー・チェスブロウ、大前恵一朗訳（2004年）「OPEN INNOVATION ハーバード流　イノベーション戦略のすべて」産業能率大学出版部、P.77

19. マーク・ジョンソン、クレイトン・クリステンセン、ヘニング・カガーマン（2009）「Reinvesting Your Business Model：邦題（ビジネスモデル・イノベーションの原則）」DIAMOND　ハーバード・ビジネス・レビュー 2009年4月号

20. オリヴァー・ガスマン、カロリン・フランケンバーガー、ミハエラ・チック、渡邊哲・森田寿訳（2016年）「ビジネスモデル　ナビゲーター」SHOUEISHA

21. 今枝昌宏（2014）「ビジネスモデルの教科書」東洋経済新報社

22. 今枝昌宏（2016）「ビジネスモデルの教科書　上級編」東洋経済新報社

23. 根来龍之、富樫佳織、足代訓史（2020）「この一冊で全部わかる　ビジネスモデル　基本・成功パターン・作り方が一気に学べる」SBクリエイティブ

24. エイドリアン・J・スライウォッキー、デイビット・J・モリソン、恩蔵直人・石塚浩訳（1999）「プロフィットゾーンの経営戦略：The Profit Zone」ダイヤモンド社

25. Zott C. & Amit R.（2020）, Business Model Innovation Strategy, Wiley

26. クリス・アンダーソン、篠森ゆりこ訳（2006）「ロングテール　『売れない商品』を宝の山に変える新戦略」早川書房

27. クリス・アンダーソン、高橋則明訳・小林弘人監修（2009）「FREE　フリー〈無料〉からお金を生みだす新戦略」NHK出版

28. クリス・アンダーソン、関美和訳（2012）「MAKERS　メイカーズ　21世紀の産業革命が始まる」NHK出版

29. ヘンリー・チェスブロウ、大前恵一朗訳（2004）「OPEN INNOVATION　ハーバード流イノベーション戦略のすべて」産業能率大学出版部

30. ヘンリー・チェスブロウ、栗原潔訳・諏訪暁彦解説（2007）「オープンビジネスモデル　知財競争時代のイノベーション」翔泳社

31. ヘンリー・チェスブロウ、博報堂大学　ヒューマンセンタード・オープンイノベーションラボ監修・監訳（2012）「オープン・サービス・イノベーション　生活者視点から、成長と競争力のあるビジネスを創造する」阪急コミュニケーションズ

32. ヘンリー・チェスブロウ、大前恵一朗訳（2004）「OPEN INNOVATION　ハー

バード流イノベーション戦略のすべて」産業能率大学出版部、P.82

33. クレイトン・クリステンセン、伊豆原弓訳・玉田俊平太監修（2001）「イノベーションのジレンマ　技術革新が巨大企業を滅ぼすとき」SHOEISHA

34. マーク・ジョンソン、池村千秋訳（2011）「ホワイトスペース戦略　ビジネスモデルの〈空白〉を狙え」阪急コミュニケーションズ

35. クレイトン・クリステンセン、依田光江訳（2017）「ジョブ理論　イノベーションを予測可能にする消費のメカニズム」ハーパーコリンズ・ジャパン
クリステンセン教授が最初にジョブ理論に言及したのは「イノベーションのジレンマ」の続編となる「イノベーションへの解」です。

36. ゲイリー・ハメル＆C.K. プラハラード、一條和生訳（1995）「コア・コンピタンス経営　大競争時代を勝ち抜く戦略」日本経済新聞社

37. ゲイリー・ハメル、藤井清美訳（2008）「経営の未来　マネジメントをイノベーションせよ」日本経済新聞出版社

38. ゲイリー・ハメル、有賀裕子訳（2013）「経営は何をすべきか　生き残るための5つの課題」ダイヤモンド社

39. ゲイリー・ハメル「いま、経営は何をすべきか」DIAMOND ハーバード・ビジネス・レビュー 2013年3月号、PP.58-60

40. アレックス・オスターワルダー＆イヴ・ピニュール、小山龍介訳（2012）「ビジネスモデル・ジェネレーション」SHOEISHA

41. アレックス・オスターワルダー、イヴ・ピニュール、グレッグ・バーナーダ、アラン・スミス、関美和訳（2015）「Value Proposition Design：バリュー・プロポジション・デザイン」SHOEISHA

42. ティム・クラーク、アレックス・オスターワルダー＆イヴ・ピニュール、神田昌典訳（2012）「ビジネスモデル YOU」SHOEISHA

43. アレックス・オスターワルダー、イヴ・ピニュール、フレッド・エティアンブル、アラン・スミス、今津美樹訳（2021）「The Invincible Company：インビンシブル・カンパニー　『無敵の会社』を作った39パターンのビジネスモデル」SHOEISHA

44. ピーター・ディアマンディス＆スティーブン・コトラー著、山本康正解説、土方奈美訳（2020年）「2030年すべてが『加速する』世界に備えよ」NewsPicks パブリッシング

45. マット・リドレー著、大田直子・鍛原多恵子・柴田裕之訳（2013年）「繁栄　明日を切り拓くための人類10万年史」早川書房

46. マット・リドレー著、大田直子訳（2021年）「人類とイノベーション　世界は『自由』と『失敗』で進化する」NewsPicksパブリッシング
47. 山田英夫著（2014年）「逆転の競争戦略　第4版」生産性出版
48. 山田英夫著（2015年）「競争しない競争戦略」日本経済新聞出版社
49. 山田英夫著（2017年）「成功企業に潜む　ビジネスモデルのルール」ダイヤモンド社

第2部
「ビジネスモデル・キャンバス」を考える

人々が欲しいのは1/4インチ・ドリルではない。
彼らは1/4インチの穴が欲しいのだ。

セオドア・レビット

第3章

「ビジネスモデル・キャンバス」の基本構成

革新的で過激なビジネスモデルこそが競争優位の源泉なのだ。

ゲイリー・ハメル

■ ビジネスモデルの代表的なフレームワーク

　ビジネスモデルを分析したり構築したりするにあたって重要なのが「フレームワーク（枠組み）」です。これまでも、様々な研究者によっていくつかのフレームワークが提示されてきました。

　既に紹介したクリステンセン＆ジョンソンの「4つの箱」モデルはフレームワークというよりもビジネスモデルの構成要素を提示したものです。「4つの箱」とは、顧客価値の提供（Customer Value Proposition）、カギとなる経営資源、カギとなるプロセス、利益方程式を指し、顧客価値の提供（Customer Value Proposition）を中心に、残りの3つを顧客への価値提供を実現していくための要素だと述べています。そして、提供価値の探索にあたっては、「ジョブ理論」が土台になっています[*1]。

　また、この4つの箱をさらに発展させたものとして、オスターワルダー＆ピニュールの「ビジネスモデル・キャンバス」があります。この後、本書でも詳しく取り上げますが、大きく2つのブロックにわけられる9つの要素によって構成されるもので、日本においても、ビジネスモデルをグループで考えるためのフレームワークとして、様々な研修の場

で普及しています[*2]。

　これらに加えて、アミット＆ゾットも「ビジネスモデル・フレームワーク（Business Model Framework）」を提示しています。「何故そのビジネスモデルは価値創造ができて価値提供を増大することができるのか」といった問い（Why）を中心にして、顧客にその価値（オファリングス）を届けるにはどんな活動（What）が必要なのか、誰が（Who）中心的なステイク・ホルダーでその活動を担っていくのか、活動を連携させながらそのオファリングスをどのように（How）に創り出すのか、といった4つの問いによって構成されています[*3]。**（図表 2-1）**

　日本においても、いくつかの有力なフレームワークが提示されています。早稲田大学の井上達彦教授は、「P-VAR フレームワーク」を提示しています。Value は価値提案、Activity は成長や収益の鍵となる活動、Resource は鍵となる経営資源で顧客との関係性やパートナーシップも含まれます。そして、それらの結果として価値の独自性に見合ったPosition が形成され、その価値に見合った収益が得られると説いています[*4]。

図表 2-1 アミット＆ゾットのビジネスモデル・フレームワーク

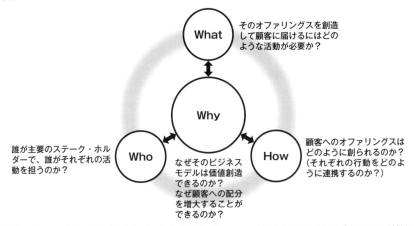

出所：Raphael Amit & Christoph Zott (2020), Business Model Innovation Strategy, Wiley
P.16 を筆者が翻訳

　兵庫県立大学川上昌直教授は、9つのセルを埋めていくフレームワーク「9（ナイン）セル・メソッド」を提示しました。これは、ビジネスモデルを「顧客価値」「利益」「プロセス」に分解して、それぞれの要素に対して「Who」「What」「How」を考えて9つのセルを埋めていくものです。「価値提案」であれば、①顧客は誰で（who）、②何を提案して（what）、③どう違う（how）を明確にして、次に「利益」を、④誰から儲けて（who）、⑤何で儲けて（what）、⑥どう儲ける（how）を特定して、その「プロセス」は、⑦どんな手順で（how）、⑧強みは何で（what）、⑨誰と組むのか（who）を決めていくといった形です。このメソッドの長所は非常にわかりやすいということです[*5]。

　また、早稲田ビジネス・スクールの根岸龍之教授らは、1999年というかなり早い時期から「戦略モデルキャンバス」を唱えています。この「戦略モデルキャンバス」の特徴は、「戦略モデル」「オペレーションモデル」「収益モデル」「コンテキストモデル」といった4つの構成要素に加えて「ライバルや代替品の製品や活動、資源」といった競争戦略的な視点が入っていることです。また、「コンテキスト」という構成要素も独自のもので、「そのビジネスモデルが成立するための前提条件や仮説」がキャンバスの上部にくるようにデザインされています。コンテキスト（Context）とは「文脈」という意味ですが、筆者もただビジネスモデルを羅列するのではなく、このコンテキストを理解することは重要だと思います。例えば、アマゾン・ドットコムで有名になった「ロングテール」というビジネスモデルがありますが、これなどは全ての小売業やサービス業に適用できるものではありませんので、成立のための前提条件をしっかりと頭に入れておくことが必要です[*6]。

2 ビジネスの基本型

　ビジネスモデルを考えるにあたって、ビジネスの基本型を確認してお

きましょう。ビジネスは、大きくわけで、B2C（Business-to-Consumer）、B2B（Business-to-Business）、B2B2C（Business-to-Business-to-Consumer）、C2C（Consumer-to-Consumer）の４つ基本型があります。B2C はエンドユーザーが個人のビジネスで、花王、資生堂、プロクター＆ギャンブルといった消費財メーカーが代表例です。サービスでは、ホテル・旅行代理店といった観光業や航空業界などが代表例です。B2C は、個人という不特定多数を相手にしたビジネスで、購買行動には経済合理性だけでなく個人的な趣味や嗜好なども色濃く反映されます。

　一方、B2B は法人（企業）がユーザーとなるビジネスです。相手は法人（企業）なので、購買行動は経済合理性が尊重され、個人の趣味や嗜好が入り込む余地は少なくなります。筆者が働いていた業界も典型的な B2B の法人相手のビジネスでした。IBM（アイビーエム）やセールスフォース・ドットコム、富士通、NEC といった ICT 企業や、鹿島建設や清水建設といった大手建設会社、日本製鉄などの鉄鋼会社、東レや帝人、日本電産、村田製作所といった部品・素材産業、時価総額で日本トップ 10 の常連となったキーエンスなども、典型的な B2B 企業と言えるでしょう。

　B2B2C は、一次顧客は法人ですが、エンドユーザーは個人というビジネスです。これは、B2C と B2B が一緒になったようなビジネスですが、メーカーが自社製品を卸・小売業を通じて販売するケースや、部材を提供して一次顧客である法人が最終製品を作り、エンドユーザーである個人に販売するケースなども B2B2C に入ります。東レは共同開発した素材をユニクロに提供し、ユニクロがヒートテックやエアリズム製品としてエンドユーザーに販売していますが、これなどは典型的な B2B2C と言えるでしょう。また、最近では 5G（第 5 世代移動通信システム）の利活用が大きくクローズアップされていますが、5G の活用にあたっては、NTT ドコモや KDDI、ソフトバンク、楽天モバイルといった通信事業者と、自動車や航空会社、建設会社といった事業会社が

組んで、法人や個人にサービスを提供するB2B2X（XはBにもCにもなるという意味）という形態を取ります。

　C2Cは、インターネットの普及によって一気に拡大したビジネスです。今まで全く繋がることがなかった個人間をインターネットによって繋げることによってビジネスが成立します。P2P（Pier-To-Pier：Pierは「埠頭」という意味）と表記する場合もあります。ライドシェアのウーバー（Uber）や民泊サービスのエアビーアンドビー（Airbnb）など、さらには個人間の物的ニーズをつなぐメルカリなど、第3部で述べるマルチサイドプラットフォームの企業は典型的なC2Cモデルです。これらに加えて、最近では、Shopify（ショッピファイ）などに代表されるようにD2C（ダイレクト・ツー・シー）というビジネスモデルが出現しています。これは製造業がネットやSNSを通じて直接エンドユーザーに販売していくビジネスモデルですが、これなどはB2Cの発展系と考えてよいでしょう。

　この後、ビジネスモデル・キャンバスの説明をしますが、ビジネスモデルを考えるにあたって、そもそも顧客は法人（Business）なのか個人（Consumer）なのかといった視点は非常に重要です。B2Bビジネスを行っている企業に急に個人相手のビジネスをしろと言っても、なかなか対応できるものではありません。また、逆も真なりで、個人消費者相手のビジネスを行っているB2C企業が急に法人相手のビジネスをしろと言われても途方に暮れるだけでしょう。顧客の信用情報にしても、法人に関する情報は比較的充実していますが、個人消費者の信用情報はかなり限定されています。自社の製品・サービスを顧客に届けるにあたって、B2C企業はマーケティング（Marketing）を重視するでしょうし、B2B企業は営業（Sales）を重視する傾向にあります。インダストリアル・マーケティングではB2Bを扱っているのですが、誤解を恐れずに言えば、通常のマーケティング理論はB2Cが対象になっている場合が多く、筆者のようなB2Bビジネスに長年従事してきた者は違和感を覚

えることもあります。企業においては、同じ事業部で B2C と B2B のビジネスが同じような規模で混在している例は少ないのではないかと思います。通常は、この2つのビジネスは、違う事業部とか同じグループ内の別会社で行うといった形で運営されています。アマゾン・ドットコム社は、B2C が中心の EC（ネット通販）事業と、B2B が中心の AWS（Amazon Web Service）事業を同じ会社で運営していますが、EC 事業と AWS 事業でそれぞれ別の CEO（最高経営責任者）を配置しています。これらの違いは、次に述べるビジネスモデル・キャンバスを考えるにあたって重要となります。

❸ ビジネスモデル・キャンバスの基本構成

　それでは、ビジネスモデル・キャンバスの紹介に移りましょう。既に述べたように、ビジネスモデル・キャンバスについては、オスターワルダー＆ピニュール著「ビジネスモデル・ジェネレーション」に詳述されており、その具体的な記入方法も様々な実務家によって解説されています。本書では、このビジネスモデル・キャンバスを通じて、ビジネスモデルを考えるための勘所を筆者なりに考えていきたいと思います。

　ビジネスモデル・キャンバスは9つの構築ブロックで構成されています。右側の太枠内「顧客セグメント」「価値提案」「顧客との関係」「チャネル」の部分は、顧客は誰で（Who）どのような価値を（What）どう届けるのか（How）といった心臓部で、その結果として「収益の流れ」が決まってきます。そして、左側の太枠内「主要活動」「主要リソース」「主要パートナー」は、右側で特定された価値を顧客に届けるための主要活動を挙げ、その活動のためのキーとなる社内経営資源やパートナーを入れていきます。そして、その結果として「コスト構造」が決まってきます。最終的に、下の太枠内にある「収益の流れ」と「コスト構造」のバランスを取って利益を上げていくということになります。（図

図表 2-2 ビジネスモデル・キャンバス

主要パートナー Key Partners	主要活動	価値提案 Value Propositions	顧客との関係	顧客セグメント Customer Segments
・ビジネスモデ ル成立には、 どのような パートナーが どれくらい必 要で、どう いったアライ アンスを組む のか	・顧客に価値 を届けるた めに必須と なる活動は なにか **主要リソース** ・どのような資 源が、どれ位 必要で、どの ように調達す るのか	・ターゲットと した顧客セグ メントが持つ どのようにの ような課題 を、どのよう に解決して価 値を創るのか	・ターゲット顧 客に対して、 どのような関 係を構築する のか **チャネル** ・顧客に対し て、どのよう な方法で、価 値を届けるの か	・同質のニーズ を持った顧客 群をグループ 化し、その中 からどのセグ メントをター ゲットにする のか ・非顧客層を取 り込む

コスト構造	・ビジネスモデルを運営して いくためには、どのような コストがいくらかかるのか	**収益の流れ**	・ターゲット顧客は、どのような 価値に対して、どれくらい、 どのようにお金を払うのか

出所：A.オスターワルダー他著（2012年）「ビジネスモデル・ジェネレーション」SHOEISHA をもとに筆者が加筆

表 2-2)

　オスターワルダー＆ピニュールによると、価値提案を中心にして右側のキャンバスが「価値」を表し、左側のキャンバスが「効率性」を表しているということです。「ビジネスモデル・ジェネレーション」の訳者でもある名古屋商科大学ビジネス・スクールの小山龍介准教授は、「ビジネスモデル・キャンバスの右半分は『表舞台』として、利用者から見えています。しかし、左半分の『舞台裏』はブラックボックスになっているので、内情を知らないとわからない。舞台裏における違いを意識してみていくと、ビジネスモデルの違いが浮かび上がってきます」[*7]というように、表舞台と舞台裏に分けて解説しています。したがって、まずはターゲットとなる顧客にどのような価値をどのようなチャネルを通じて提案するのかを考え、次にそれを効率的にやるには企業活動のどの部分を自前でやってどの部分をパートナーに任せるのかといった順番でデザインをしていきます。

　このビジネスモデル・キャンバスの一番の優れている点は、ビジネス

モデル構築の流れがわかりやすく並べられていることだと思います。9つの構成要素間の関連や脈絡をストーリーとして俯瞰することができます。キャンバスを大きくして壁に貼れば、グループで議論することもできます。筆者は、新たに起業するスタートアッパーだけでなく、大学の学部生レベルでもビジネスを理解することができるツールではないかと考えます。

４ ビジネスモデル・キャンバスの９つの構成要素

次に９つの構成要素を簡単に解説していきます。

① 顧客セグメント

企業が対象とする顧客グループについて定義します。P.ドラッカーは「企業の目的は顧客の創造である」と述べましたが、誰が顧客かという「顧客の定義」は、価値提案とともにビジネスモデル・キャンバスの心臓部となります。同質のニーズを持った顧客群をグループ化し、その中からどのセグメントをターゲットにするのかを決めていきます。

② 価値提案（バリュー・プロポジション）

ターゲットとしたセグメントの顧客にどのような価値を提供するのかを決めます。顧客のどのような課題をどのように解決するのかなどを明確にします。また、製品やサービスが顧客にどのような便益（ベネフィット）をもたらすのかを明確にしていきます。クリステンセン＆ジョンソンは「顧客価値提案」を「一定の金銭的対価と引き換えに、顧客がそれまでよりも有効に、あるいは確実に、便利に、安価に、重要な懸案を解決したり、課題を成し遂げたりするのを助ける商品やサービスの提供」[8]と定義しています。

③ チャネル

特定された顧客にどのようなチャネルを通じて価値を届けるのかを

記述します。自社チャネルなのかチャネル・パートナーを選ぶの
か、プッシュ・チャネル（Push Chanel）なのかプル・チャネル
（Pull Chanel）なのか、あるいはオンラインチャネルを使うのか、
あるいはこれらをミックスするのかといった判断をすることになり
ます。これらのチャネルは、対象の顧客と価値提案内容によって異
なります。

④　顧客との関係

対象となるセグメントの顧客とどのような関係を築いていきたいか
を記述します。顧客との関係は、対象となる顧客セグメントや提供
したい価値、どのようなチャネルを通じて価値を届けたいのか、に
よって決まります。また、B2C と B2B の場合は当然違った関係を
築くことになりますし、この後の収入の流れがワンタイムの一過性
のものなのか、アニュイティ（あるいはリカーリング）と呼ばれる
継続的なものなのかによっても目指すべき関係性は変わってきます。

⑤　収入の流れ

顧客への価値提案の結果、顧客からどのような形で収入を得るのか
を記述します。マネタイズ（収益化）の方法やタイミング、主な収
入源は何なのかを決定します。収入高（売上高）を計画するにあ
たって「価格」の役割も重要になります。そして、期待する収入が
ワンタイムなのか、継続的なアニュイティ（リカーリング）なのか
も重要です。サブスクリプション・サービスなどのように長期継続
を前提にしたアニュイティ（あるいはリカーリング）中心の収入の
流れでは、会計年度で区切られた期間収入ではなく、顧客ライフタ
イム・バリュー（LTV）といった考え方も重要になります。

⑥　主要リソース

対象顧客への価値提案をするために、主に自社のどのような経営資
源を使うのかを明確にします。経営資源には、ヒト・モノ・カネ・
情報といった基本要素の他に特許や意匠権といった知的財産も重要

になります。更には、「ヒト」の要素を突き詰めてヒトが持っている「知識」に注目することになります。主要リソースの特定のためには、社内の経営資源を評価し、自社の「コア・コンピタンス」を見つけていくことが重要です。

⑦ 主要活動

対象顧客に価値提案をするために、最も重要な活動を特定します。基本的には、そのような重要な活動は自社でやっていくべきですが、逆の言い方をすれば、「自社でやらなくてもよい」活動を決めることも重要です。なんでも自前でやるとコスト高になり、結局は競争力を失うことになります。そのために、どの機能を自社で持ち、どの機能をアウトソースするかといった経営判断が重要になります。

⑧ 主要パートナー

企業はどんな大企業でも、すべて自社だけで顧客に価値提案をすることはできません。パートナーの形態は、バリューチェーンの一部を担ってもらうパートナー、サプライチェーンの一部（サプライヤー）としてのパートナー、オープン・イノベーションに共同研究や技術ライセンスのパートナー、多店舗展開する際のフランチャイズ・パートナーなどがありますが、ここでは価値提案にとって最も重要なパートナーを特定します。

⑨ コスト構造

コスト構造を考える際は、企業活動のために発生するコストを「固定費」と「変動費」に分けて考えます。主要コストを特定し、「固定費」と「変動費」に分類しながら損益分岐点を超えることを探っていくことが重要です。eビジネスにおいては、これに加えて「限界費用」や「取引費用」の最小化のための手段も考えます。コスト抑制のために、規模の経済、範囲の経済、ネットワーク効果、密度の経済といった経済効果を追求していく必要があります。

5 様々な経営・マーケティング理論の応用

　このビジネスモデル・キャンバスの各ブロックを考えていくにあたっては、これまで蓄積されてきた経営学やマーケティング理論を応用していく必要があります。本書では、セオドア・レビットやフィリップ・コトラーのマーケティング理論、ゲイリー・ハメルとC・K・プラハードのコア・コンピタンス経営、ジェイ・バーニーのリソース・ベースト・ビュー（RBV）、マイケル・ポーターのファイブ・フォース（5つの力）分析やバリューチェーン（価値連鎖）分析、キム＆モボルニュのブルーオーシャン戦略、クリステンセン＆ホワイトのホワイトスペース戦略やジョブ理論などを紹介していきます。これらの理論は20世紀中盤から後半にかけて一世を風靡したもので、既に埃をかぶっているものもあります。しかし、筆者は、今でもビジネスモデルを分析・構築するにあたって有効だと考えます。以下、そのような理論も紹介しながら、ビジネスモデル・キャンバスの一つ一つの構成ブロックの勘所を考えていきたいと思います。

第4章

「価値提案」「顧客セグメント」「チャネル」「顧客との関係」を考える

リラックスをするためにすることは、すべてライバルだ。
ビデオ・ゲームとも競うし、ワインとも競う。実に手ごわいライバルだね。
リード・ヘイスティング

1「顧客セグメント」と「価値提案」はどちらが先か？

　筆者は学生から時々「顧客セグメント」と「価値提案」はどちらを先に考えるべきか、という質問を受けることがあります。通常は、まずは顧客がいて、その顧客にどのような価値を提供できるかを考えます。長年ノースウェスタン大学ケロッグ経営大学院で教授を務め、マーケティングの父と言われたフィリップ・コトラーは、有名な STP 理論を提唱しました。S は「セグメンテーション（Segmentation）」で市場を様々な角度から細分化するということ、T は「ターゲティング（Targeting）」で細分化した市場の中からどの市場を狙うかを明確にすること、P は「ポジショニング（Positioning）」でターゲット市場に対して自社の立ち位置を明確にすることです。それまでの製品中心主義（プロダクト・アウト）から、顧客ニーズ中心主義（マーケット・イン）への転換を訴えたのです。この STP 理論に基づいて考えるならば、「顧客セグメント」から「価値提案」を考えるのが常套手段となります。

　しかし、最初に価値提案の手段である新製品や新技術ありきの場合も

あります。オスターワルダー＆ピニュールは「バリュー・プロポジション・デザイン」の中で、顧客への価値提案を考える場合は、技術やプロダクト・イノベーションを起点として対象顧客を考えていく「Technology Push」と、特定された顧客の解決したいジョブ（仕事）を起点として価値提案を考えていく「Market Pull」があると述べています[*9]。**(図表 2-3)**

　また、クリステンセンとジョンソンは、製品やサービスを購入してくれない「無消費層」を探していくことも重要だと訴えています。ジョンソンは、「ホワイトスペース戦略」の中で、無消費者を生み出す障壁として、①資金の障壁、②技能の障壁、③アクセスの障壁、④時間の障壁を挙げています[*10]。そして、逆に無消費者を消費者に変えるためには、これらの障壁を取り除いていけばよいという発想で、この後に述べる「ジョブ理論」につなげていきます。このような「無消費者」という発想は、はじめに「顧客をセグメントに分ける」という考え方からは出てきません。したがって、「顧客セグメント」と「価値提案」のどちらが先かという問いに筆者なりに答えるとすれば、「両方は鶏と卵みたい

図表 2-3 提案価値（Value Proposition）の基本

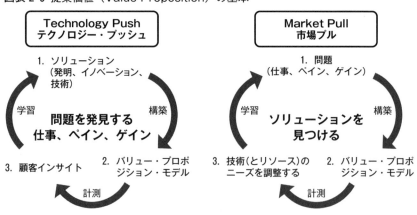

出所：アレックス・オスターワルダー他著（2015 年）「バリュープロポジション・デザイン」SHOEISHA をもとに筆者が作成

なもので、コインの裏表（キャッシュレス化が進んでこの比喩は死語になるかも知れません）のように同時に考えていくもの」ということになります。

❷「価値提案（バリュー・プロポジション)」と「ジョブ理論」

第2部の冒頭で紹介したセオドア・レビットの「人々が欲しいのは1/4インチ・ドリルではない。彼らは1/4インチの穴が欲しいのだ。」という言葉は、価値提案の本質を表しています。レビットは同時に「顧客は売り手から約束されたとおりの便益が得られるだろうという期待を購入している」と述べていますが、顧客はドリルという製品自体が欲しいのではなく、ドリルが1/4インチの穴を開けることができるという便益を期待してドリルを買うということです。したがって、1/4インチの穴が他の方法でもっと早く安く開けることができれば顧客にとってそちらのほうが良いということになります。しかし、自社のビジネスをドリル製品の製造・販売と定義してしまえば、同じ便益をより安く提供する「代替品」が出てきた時に、それが全く見えなくなってしまいます。レビットは、米国の鉄道会社の例を挙げて、このように自社のビジネスを狭く定義することを「マーケティング近視眼（マイオピア)」と呼んでいます。一方で、ポーターは、「競争の戦略」の中でファイブ・フォース（5つの力）分析を提示し、その中で、既存業界の利益を下げる5つの要因の一つに「代替品の脅威」を挙げました。**(図表2-4)** これはまさに現在の製品・サービスを中心に自社の事業を捉えるのではなく、顧客が同等かそれ以上の便益を期待できる代替品が出現することに注意せよとのことです。（但し、レビットが挙げた鉄道会社の例については、ポーターは鉄道会社の事業の定義を「輸送業」と単純に広く定義するのは問題があると述べています[11]）

図表 2-4 M. ポーターのファイブ・フォース分析

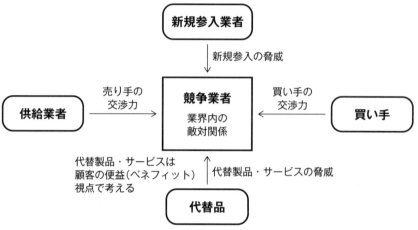

出所：M.E. ポーター著（1982 年）「競争の戦略」（ダイヤモンド社）をもとに筆者が加筆

　ポーターの説く「代替品の脅威」を理解するために、少し身近な例を挙げてみます。あなたが、街の中華料理店のオーナー経営者だとして、非常にわかりやすい目に見える競争者は同じ街にある日本料理店やラーメン店といった同じ外食店舗です。しかし、顧客の期待する便益を「おいしく食欲を満たす」ということで定義すれば、デパ地下のお惣菜やコンビニ弁当のテイクアウトや、出前館やウーバーイーツの配達員によってデリバリーしてもらって家で食べる「中食」や、スーパーや肉屋、八百屋で売っている様々な食材や冷凍食品・パック食品を家で調理して食べる「内食」も「代替品の脅威」ということになります。実際にコロナ禍の中では、実店舗を経営する「外食」産業への需要が大きく落ち込み、感染の心配がない「中食」や「内食」へ需要が大きくシフトしました。このように、今見えている製品・サービスに縛られずに、より外延部分も考えていくことが必要です。**（図表 2-5）** 本章の冒頭で紹介したネットフリックス CEO のリード・ヘイスティングの言葉は、ネットフリックスが競争のライバルを Hulu（フールー）や DAZN（ダゾーン）といった同業者だけでなく、「リラックスした時間を過ごしたい」とい

図表 2-5 街の中華料理店の「代替品の脅威」

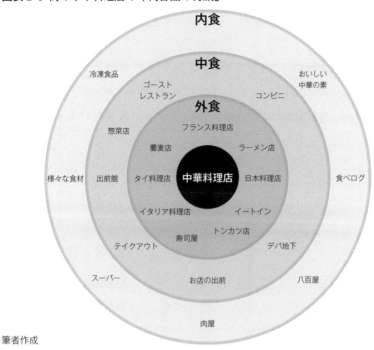

筆者作成

う顧客の視点から、ゲーム会社やワイン・メーカーまで競争のライバル
を広げていることがうかがえます。

　そして、このような様々な理論の歴史的な積み重ねの上に登場したの
がクリステンセン＆ジョンソン等による「ジョブ理論」です。クリステ
ンセンは、「イノベーションのジレンマ」の中で、既に成功を収めてい
る大企業は既存事業を強化する持続的イノベーションは得意だが、多く
は新興企業が起こす「破壊的イノベーション」には弱く、次第にその破
壊的イノベーションの進化によって市場全体を席巻されていく、という
企業経営上の命題を提起しました。そして、次に出された「イノベー
ションの解」の中で、大企業であっても「ジョブ（Job To Be Done）」
を解決すれば破壊的イノベーションを生み出せると説きます。そして、
それを実践的なコンサルティング活動を通じて「ジョブ理論」として完

成させました。

　「ジョブ理論」の中で、ジョブは「特定の状況で人あるいは人の集まりが追求する進歩である」と定義し、さらに「成功するイノベーションは、顧客のなし遂げたい進歩を可能にし、困難を解消し、満たされていない念願を成就する。また、それまでは物足りない解決策しかなかったジョブ、あるいは解決策が存在しなかったジョブを片付ける」[*12] というようにイノベーションとの関係を述べています。

　同時に、ジョブ理論をより理解するために、ジョブを見極める4つの要素（JOBS）を提示しています。「J」は Job で顧客がやらないといけないことや顧客の抱える課題、「O」は Objective（目的）でそのジョブを採用するための顧客の目的、「B」は Barrier（障壁）でジョブ達成の前に立ちはだかる障害、「S」は Solutions（解決）で製品やサービスによるそのジョブ（やりたいことや課題）の解決、を意味しています。

　特に、顧客のジョブの目的（Objective）を、①機能的（Functional）、②情緒的（Emotional）、③社会的（Social）の3つに分け、それぞれのジョブ目的を達成するために「他の手段（製品・サービス）と競争する」と述べています。機能的ジョブは顧客が成し遂げたいジョブをどのように成し遂げるかを機能的に解決するもので、移動手段の一つとしての通常の乗用自動車が挙げられます。次に、情緒的ジョブとは顧客が持つ感情を満足させるためのもので、ストレス解消で爽快感を味わうためのスポーツカーやバイクが挙げられます。そして、社会的ジョブは、顧客が周囲（社会）からどのように見られたいかといった社会的欲求を満足させるもので、ヨットや高級マンションなどがこれに相当します。

（図表 2-6）

　また、顧客の抱える障壁（Barrier）については、①資金の障壁、②技能の障壁、③アクセスの障壁、④時間の障壁といった4つの障壁を挙げています。この4つの障壁を取り除いたり、顧客の課題を解決したりして目的別ジョブの達成を図るということになります。

図表 2-6 目的別種類の JOB

Functional
機能的

顧客が成し遂げたい
JOB をどのように
行うか？

横浜(自宅)から東京(職場)
まで移動したい。
●クルマ、電車

Emotional
感情的

顧客が持つ感情を満
足させる。どのよう
に感じたいのか？

ストレス解消で爽快感を
味わいたい。
●バイク、スポーツジム

Social
社会的

顧客が周囲(社会)
からどのように見
られたいか？

社会的なステータスを
見せつけたい。
●ヨット、高級マンション

出所：クレイトン・クリステンセン他著（2017 年）「ジョブ理論」ハーバーコリンズをもとに筆者作成

3 「無消費者」や「非顧客層」を考える

　クリステンセン＆ジョンソンは、4つの障壁によって無消費が生ずる
と指摘しましたが、逆に言うと、これらの障壁を取り除けば新たな消費
者（顧客）が創造できることになります。そして、クリステンセンや
ジョンソンが注目した「無消費者」と同様の発想をしているのが、キム
＆モボルニュの「ブルーオーシャン戦略」です。ブルーオーシャン戦略
では、血みどろの消耗戦が繰り返される既存市場を「レッドオーシャ
ン」、既存産業の枠組みを超えて生み出される競争のない市場を「ブ
ルーオーシャン」と定義しました。そして、ブルーオーシャン市場を築
くためには、業界内の既存顧客ではなく非顧客に、同業界ではなく代替
業界に注目し、買い手（顧客）を再定義すべきだと説きました。ブルー
オーシャン戦略では、バリューイノベーション（価値のイノベーショ
ン）という中心概念に基づいて、戦略キャンバスや ERRC グリッド、3
グループの非顧客分析などによって考えられた戦略の方向性を、買い手
の効用マップや顧客の密集する価格帯の見極めなどによって、商用に耐
えうるビジネスモデル（ブルーオーシャン・アイデア）に落としていく
ことが重要だと強調されています。ここでは、クリステンセン＆ホワイ
トの唱えた「無消費者」とキム＆モボルニュの「3グループの非顧客

層」について考えてみます。

　キム＆モボルニュは、非顧客層を、①第1グループ（現在の業界の顧客だが購入意欲が消極的で、できれば代替品ですませたいと思っている非顧客層）、②第2グループ（その業界に対して強い不満を抱いていたり価格が高すぎたりして、そこで扱われる製品・サービスを使用できないでいる非顧客層）、③第3グループ（従来までその業界の顧客とは考えられていなかった非顧客層）といった3つに分類しています。①の例としては、今まで日本の理容サービスを過剰サービスで時間がかかり値段も高いと考え、週末に2～3時間かけて理容サービスを受けるのは馬鹿らしいと考えていた多忙なビジネスパーソンを狙ったQBハウス、②の例としては、従来の自家用自動車は高くて買えなかったインドの庶民家庭を狙ったタタ・モーターズ、③の例としては、今までフィットネス業界の顧客ではなかった「運動が苦手な主婦層」を狙ったカーブスなどが挙げられます。**（図表2-7）**

　これらの非消費の3グループの事例をクリステンセン＆ジョンソンの4つの障壁で考えてみると、まず、QBハウスは従来までの理容業界の

図表2-7 ブルーオーシャン戦略：3つの非顧客層

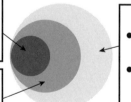

①第1グループ
●消費意欲が消極的で、できれば代替品で済ませたいと思っている顧客層。
●QBハウスの狙った顧客。理容室には行くが、無駄な髭剃りや洗髪は不要と考えていた。

②第2グループ
●製品・サービスに不満があったり、価格が高すぎて顧客になれない非顧客層。
●インドの若い庶民的な家庭はお金がないため自家用車が買えなかった。

③第3グループ
●従来まではその業界の顧客だとは考えられなかった非顧客層。
●カーブスは本来フィットネスジムとは縁がなかった「運動が苦手な主婦層」を狙った。

出所：チャン・キム＆レネ・モボルニュ著「新版ブルーオーシャン戦略」（ダイヤモンド社）を参考に筆者作成

ボトルネックになっていた「時間の障壁」を取り払いました。今までは最低でも１時間以上かかっていた理容サービスは洗髪や顔剃りといった水回りのサービスをなくすことによって15分〜20分に短縮されました。また、カーブス（Curves）は、ジム自体を女性専用にしてユーザーの近隣に最低スペースの拠点を多数設け「アクセスの障壁」を取り除きました。これによって主婦層でも「身づくろい」せずに気軽にジムに通えるようになりました。そして、タタ・モーターズ（Tata Motors）は10万ルピー（約20万円）のクルマを作ってインドの一般庶民の「資金の障壁」を取り払いました。また、「技能の障壁」に関しては、キム＆モボルニュの言う３つのグループ全ての非顧客を顧客に変えることができます。第４部で述べる PC の GUI（グラフィカル・ユーザー・インターフェース）は、それまで一部のマニアやコマンドが実行できる人に限られていた PC ユーザーを一気に広げましたし、iPad や iPhone のタッチパネルは「携帯デバイスは指でスクロールしたい」という人々にモバイル端末を普及させるのに重要でした。このように、今は顧客になってない非顧客あるいは無消費を分析することによって、その障壁を取り払い、新たな顧客を創造することができるのです。**（図表 2-8）**

図表 2-8 ４つの障壁を取り払う

アクセスの障壁	時間の障壁
●カーブスは、主婦が化粧しないでも行けるように、住宅街の近隣地区に出店した。	●QB ハウスは、時間に追われても身づくろいしたい非消費者を取り込んだ。

技能の障壁	資金の障壁
●初期のマイクロソフト社は、GUI 搭載の Windows1.0 によって、プログラミング知識のないユーザーも取り込んだ。	●タタ・モーターズは、自家用自動車を買えず、仕方なくバイクに乗っている一家でも買えるクルマを開発した。

出所：マーク・ジョンソン著「ホワイトスペース戦略」阪急コミュニケーションズをもとに筆者が作成

④「ジョブ理論」で語るいくつかの例

　いくつかの具体例を見てみましょう。「ジョブ理論」の中では、ミルクシェイクの事例が出てくるのですが、筆者はあまりミルクシェイクが好きではないので、クリステンセンと一緒にジョブ理論の実践に努めたジョンソンが挙げている事例を紹介します。ジョンソンは、インドのタタ・モーターズの事例を紹介しています。タタ・モーターズの総帥であるラタン・タタは、インドの若い夫婦がその何人かの子供たちをバイクに乗せて道を急いでいる姿を見かけて、インドの庶民が抱える未解決のジョブを見つけ出しました。それは「オートバイで危なっかしく移動している一家がもっと安全な乗り物を利用できるようにする」というものでした。まずは今までバイクで移動していた家族がギリギリ買える価格設定（約10万ルピー：約20万円）にして、エアコン無し、ワイパーは1本、バックミラーは1つといったように機能を徹底的にそぎ落してコスト削減しました。それで完成したのが「ナノ」です。2009年春にナノの予約受付が開始されて、最初の1ヵ月でウェブサイトに3,000万件のアクセスがあり、ショールームを訪れた人の数は140万人、予約台数は20万台に達したそうです。これなどは、これまでの自動車業界の常識を打ち破り、インドの若い一家の資金的な障壁を取り除いてジョブを解決した例です。**（図表2-9）**

図表2-9 タタ・モーターズが解決したジョブ

タタ・モーターズのナノは、インドの若い一家の安全に移動したいというジョブを解決した

　また、筆者なりに事例を挙げるとすると、ウォークマンやiPod、さらにはiPhoneといった製品の流れを挙げることができます。1970年代や1980年代、米国の大都市では、大きなラジカセを肩に担いで歩道を闊歩する若者の姿が目立ちました。これに目をつけたソニーは、「街を歩いている時でも音楽を楽しみたい」といった若者のジョブを解決するためにウォークマンを開発しました。その後、アップル社によってiPodやiPhoneが開発されたのは皆さんご存じだと思いますが、ラジカセ（ラジオカセット）という家電製品にこだわっていたらウォークマンという製品は出てこなかったでしょう。ウォークマンには、ラジカセで付いていたラジオ機能がなく、性能的には劣っていたからです。「街を歩いている時でも〜」というジョブで考えないとウォークマンやiPodという発想は出てきません。これに加えて、iPodではiTunesという新たなビジネスモデルを加えて機能的ジョブの解決力を劇的に向上させるとともに、スティーブ・ジョブズとジョニー・アイヴ（当時のアップルCDO：チーフ・デザイン・オフィサー）が一緒になってデザイン性を追求し、情緒的ジョブにも訴えかけて大ヒットにつなげました。**（図表2-10)**

図表2-10 製品ではなくジョブに注目する

 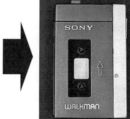 

ウォークマンやiPodは、街中でも音楽を聴きたいという若者のジョブを解決した

⑤ B2B ビジネスにおけるジョブ理論

　ジョブ理論は B2B ビジネスにも応用することができます。むしろ、顧客が自分のジョブ（仕事）を解決するために製品・サービスを雇用（採用）するといった点では、B2C ビジネスよりも B2B の方がわかりやすい面もあります。B2B と B2C の価値提供における大きな違いは、一つめは、B2C が時に不合理的で情緒的な意思決定をするのに対して B2B は合理的な意思決定をします。二つ目は、B2B の場合は、直接製品を使う人（現場ユーザー）、製品から便益を受ける受益者、技術的に商品選定をする人（テクニカル・バイヤー）、支払いをする人（エコノミック・バイヤー）といったように配慮すべき顧客が多くなります。三つめは、その結果、製品・サービスが高額化すればするほど購買プロセスも長く複雑になるということです。B2B ビジネスの中で、「コンプレックス・セールス（Complex Sales）」という言葉が使われますが、これは「購入まで複数名の合意を得る必要のある複雑な法人営業プロセス」という意味です。顧客の規模が大きくなればなるほど、より複雑なコンプレックス・セールスが求められるということになります。

　B2B ビジネスにおいては、よりコストが安く、より品質がよく、より速いといった機能別目的の達成が重要視されることは当然ですが、「より洗練されたイメージでありたい」といった情緒的目的や、「地球環境にやさしい会社として認められたい」といった社会的目的も重要です。次の図表 **（図表 2-11）** は B2B 顧客の「こうしたい（ゲイン）」と「課題や悩みごと（ペイン）」のジョブをまとめたものですが、これらのゲイン（やりたい事）やペイン（課題や悩み事）を更に現場レベルで深堀して提案に結びつけることが重要です。

⑥「価値提案」の評価基準

　「価値提案」の最後に、オスターワルダー＆ピニュール他によって示された価値提案の評価基準を紹介します。オスターワルダー＆ピニュー

図表 2-11 B2B 顧客の部門別のゲインとペイン

	Gain（ゲイン）	Pain（ペイン）
経営 ……	●企業価値の向上、株主からの信認	●不正やコンプライアンス違反防止
開発 ……	●開発効率の向上、新製品のヒット	●設計変更やリコール撲滅
購買 ……	●調達コスト削減、部品 QCD*確保 *QCD は Quality（品質）、Cost（コスト）、 Delivery（納期）の略	●ベンダー不祥事撲滅
生産 ……	●生産性の向上、製品 QCD*の確保	●品質トラブルや人身事故の撲滅
営業 ……	●売上・利益の増大、顧客満足度向上	●不良債権や顧客クレームの撲滅
サービス ……	●サービス効率の向上、顧客満足度向上	●ダウンタイム低減、顧客クレーム撲滅

出所：アレックス・オスターワルダー他著「バリュー・プロポジション・デザイン」SHOIEISHA
をもとに筆者作成

ル他は、「バリュー・プロポジション・デザイン」の中で、価値提案を
評価するための次の 10 の質問を設定しています[13]。

① それはすぐれたビジネスモデルの中に組み入れられていますか？

② それは最も重要な仕事、極めて深刻な悩み、必要不可欠な恩恵に対
応していますか？

③ それは未達成の仕事、未解決の悩み、未実現の恩恵に注目していま
すか？

④ ペインリリーバーとゲインクリエーターを少数に絞り込み、効果的
に解決していますか？

⑤ 機能的、感情的、社会的なジョブにすべて対応していますか？

⑥ 顧客の成功の基準と一致していますか？

⑦ 多数の顧客がその仕事、ペイン、ゲインを抱えていますか？ また
は、限られた顧客がそれに大金を払ってくれますか？

⑧ ひと目でわかるようなライバルとの違いがありますか？

⑨ 少なくともひとつの点でライバルよりもはるかに優れていますか？

⑩ 模倣しにくいですか？

　これらの質問は、逆に言えば、これらの質問をクリアーすれば競争優位性のある価値提案ができるということです。これらの10の質問はいずれも重要なのですが、更に要点を絞れば、第一は、顧客のジョブに注目して顧客の課題解決に資する提案か、第二は、簡単に模倣されない提案か、第三は、ビジネスモデル・キャンバスの他の構成要素と一体となっている提案か、といったことに尽きると思います。特に重要な「模倣されない」という点は、これまで様々な競争戦略の中で議論されてきています。また、筆者は、B2Bビジネスを行う上で一番重要なことは⑥の「提案内容が顧客の成功の基準と一致している」ということだと思います。これについては、第3部で説明しますが、これがないとB2Bビジネスにおいては高額な商談を受注することはできません。

❼「チャネル」を考える

　価値を顧客に届けるためのチャネルには、様々な種類があります。**図表 2-12** は、筆者なりの視点でまとめたものですが、企業側から顧客にアプローチするプッシュ・チャネル、顧客からのアクセスを待つプル・チャネル、それぞれは更に、自社で行うのか（直接販売）、チャネル・パートナーを使うのか（間接販売）といった見方で分けることができます。

　PayPalの共同創業者で現在でもシリコン・バレーで大きな影響力を持つピーター・ティール氏は、著書「ゼロ・トゥ・ワン」の中で、1件あたりの顧客獲得コスト（Customer Acquisition Cost：CAC）によって、コンプレックス・セールスからバイラル・マーケティング（ネットの口コミなどを活用し低コストで顧客の獲得を図るマーケティング手法）までを位置付けてしています[14]。そして、営業とマーケティングの間には「デッドゾーン」があり、この顧客（主に中小企業）への売り込みは難しいと述べています[14]。**図表 2-13** は、ティールの提示したものを筆者なりに加筆・修正したものですが、この中で、やはり一番コス

図表 2-12 チャネルの種類

筆者作成

図表 2-13 顧客獲得コストによるチャネルのタイプ

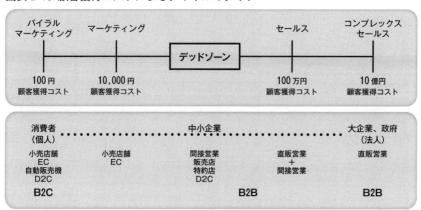

出所：ピーター・ティール著「ゼロ・トゥ・ワン」（NHK出版）P.176 をもとに筆者が加筆・修正

トがかかるのが直販セールスです。当然、顧客ライフタイム・バリュー（LTV）が高い製品・サービスでないとペイしません。しかし、顧客獲得コストの低い製品は、営業を使わず様々なマーケティング手法を駆使して小売店舗やネット店舗（EC）を使って製品を顧客に届けることに

なります。

　直販セールスは、営業パーソンが直接顧客を訪問するアウトサイド・セールスと、顧客を直接訪問せずに電話やeメールで営業をするインサイド・セールスがあり、両方をミックスさせて最適のアプローチ方法を探る必要があります。コロナ禍によって、直接顧客を訪問せずにZoomやTeamsによってオンライン訪問するケースも増えています。また、顧客管理や商談管理といったCRM（Customer Relationship Management）が重要になります。

　ティールが「デッドゾーン」と称した中小企業市場は、実は日本では顧客数が最も多いボリューム・ゾーンなのですが、すべて直販ではなく、特定地域や特定業種に強い特約店や販売店に頼ることになります。ただ、特約店や販売店に販売リソースを割いてもらうためには、間接販売を担当する営業も必要になってきますし、製品・サービスの継続性も重要です。また、B2Bにおいても、文房具などのような単価の安いものはアスクル（ASKUL）のようなオフィス向けのネット通販で販売することになります。

　B2Cビジネスの場合は、原則的には様々なマーケティング手法によって、小売店舗やネット店舗（EC）などを通じて消費者に製品を届けるケースが多いのですが、クルマや住宅といった高額商品はディーラーや販売会社の営業パーソンが必要です。ただ、自社の電気自動車（Electric Vehicle：以下EV）を、ほとんどオンラインでのクリック販売で売っているテスラのような例外もあります。

　通常は、小売店舗や量販店といった大型店舗で販売してもらうためにも営業パーソンが必要になります。アマゾン・ドットコムや楽天などのECを使う場合には、ネット上では商品の差別化が難しく、競合商品や類似商品もほとんどすべてラインアップされるので、出品者間の競争も激しいですし、出品する商品のコモディティ化（代替商品が多く製品の差別化が難しくなる状態）が進むことは覚悟しなくてはなりません。コモディティ化を避けるため、最近では、SNSなどを通じてメーカーと

消費者が直接コミュニケーションを図っていく D2C（ダイレクト・ツー・シー）も普及しつつあります。最近では、チャネルを考える際は、オンラインとオフライン店舗の融合させる動きや、オフラインの実店舗を実際に販売しない「顧客経験の基地局」に使うと言った動きもありますが、これらは、第 3 部で述べていきたいと思います。

　最後に、非常に日本的なチャネルとして「自動販売機」が挙げられます。「自動販売機」発祥の地は欧米で、英語でもベンディング・マシーン（Vending Machine）といいますが、これだけ多くの自動販売機が設置されているのは治安の良い日本だけではないでしょうか。清涼飲料業界にとっては、自動販売機は主要チャネルの一つで、コカ・コーラ ボトラーズジャパンの 2020 年の通期の売上構成も見ても、ベンディング（自動販売機）からの売上がほぼスーパー経由売上と同等の全体の約 4 分の 1（24％）を占めています[*15]。大都市の場合は、自動販売機の場所取り競争で設置場所は次第に限られてきていますが、自動販売機自体を進化させて、顧客の消費データなどの収集や、新製品のアンテナ機能としても使うこともできます。珍しいところでは、筆者の自宅近くに、「だし職人」の自動販売機（**図表 2-14**）が設置されています。東京都を中心に 30 カ所に設置されているとのことで、全国的に見ると、「だし職人」「だし道楽」「おいでやだし兵衛」といった 3 つのメーカーが自動販売機で「だし」を販売しているようです。自動販売機も考え方によっては究極の「無人コンビニ」になるため、今後空き家や遊休地の活用も兼ねて、消費財商品のチャネルの一つとして検討していくと面白いと思います。

図表 2-14「だし職人」の自動販売機

筆者撮影

8 「顧客との関係」を考える

　「顧客との関係」をマネージすることは、新規顧客を獲得し、既存顧客を維持し、一顧客当たりの売上を拡大する、といった全ての局面で重要です。最近では、サブスクリプション・サービスなどの継続ビジネスだけでなく、リピート・オーダーを取っていくワンタイム・ビジネスでも顧客ロイヤルティの獲得や顧客との長期的な関係を重視する傾向があります。「顧客ロイヤルティのマネジメント」の著者であり、世界有数のコンサルタントであるフレデリック・ライクヘルド氏は、新規開拓よりも今の顧客を維持することが重要だと説き、「解約率（Churn Rate）」の考え方を提示しました*16。顧客ロイヤルティを獲得して、顧客維持率を上げていくことが、顧客ライフタイム・バリュー（LTV）の増加につながるということです。確かに、筆者の経験からしても、一度解約されて新規に顧客を獲得するほうが、顧客を維持するよりもはるかに大きなコストがかかります。

　「顧客との関係」の築き方は、顧客に製品・サービスを届けるためのチャネルにも左右されますが、製品・サービスからの収入がワンタイム（フロー）なのか、あるいはアニュイティ（ストック）なのかによっても変わります。顧客ロイヤルティは、すべてのビジネスにとって重要なのですが、継続収入のあるサブスクリプション・サービスのような場合は、顧客ロイヤルティを維持・向上することは最重要の課題となり、「解約率（Churn Rate）」あるいはその裏返しの「契約更新率」が重要な管理項目になります。本体はワンタイム（フロー）なのですが、継続的に補完材・サービス（例えば消耗品や修理費）からの収入がある場合もストック・ビジネスと同じような考え方になります。**（図表 2-15）**

　ワンタイム収入中心のフロー・ビジネスでも、クルマやバイクは顧客のブランド志向が強く、リピート・オーダーを期待して顧客ロイヤルティを維持・拡大していくことになります。また、航空会社などはマイレージなどによって顧客を囲い込む施策を展開しています。日用品など

図表 2-15 フロー・ビジネスとストック・ビジネス

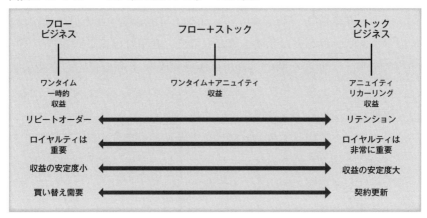

筆者作成

を、小売店舗を中心に販売している B2B2C 企業は、エンドユーザーと
いうよりも一次顧客としての小売店舗との関係が重要になります。ま
た、「あったらいいな！」の TV コマーシャルで有名になった小林製薬
は、医薬品や健康食品、日用品のニッチ商品を数多く揃え、オンライン
やオフラインの小売店舗で売り抜いていくビジネスモデルですので、
「顧客との関係」というよりも一つ一つの製品のユニークさで売り抜い
ていく、典型的なフロー・ビジネスです。

　一般的に、顧客との関係を維持・拡大して顧客ロイヤルティを獲得す
るために、各企業は次のような様々な施策を打っています。

① ポイント付与（ポイント・カード）

　　製品・サービスの購入額に応じてポイントを付与し、積算ポイント
　　によって製品・サービス価格を値引き販売し、別途賞品を提供した
　　りすることによってリピート・オーダーを促す仕掛けで顧客の囲い
　　込みを図るものです。Ｔポイント・カードは、会員から手数料を
　　取らずに会員から加盟店から手数料を取り、様々なポイント・カー
　　ドの「とりまとめ」に成功しました。ユーザーの「様々なポイン
　　ト・カードの所有によって財布が一杯になる」という悩みが解決され、

2019年2月時点で会員数6,700万人、加盟店84万店を誇っています。

② ステータス付与

ポイント付与を更に発展させたもので、利用状況によってステータスを与え、顧客を囲い込み、反復利用を促すものです。航空会社は、フライトステータス（利用状況）によって、マイル付与や優先搭乗、空港ラウンジ使用などの特典を提供しており、毎年マイレージポイントに応じてステータスを更新しています。国内主要航空会社では、様々な外国の航空会社とマイレージポイントを共有できるようにして顧客の囲い込みを強化しています。

③ ユーザー・コミュニティ

ユーザー同士のコミュニケーションを促進し、ユーザー同士の関係性や情報交換を通じて、ブランド・ロイヤルティを高めていこうという仕掛けです。大型バイクのハーレー・オーナーズ・クラブや、SaaS大手のセールスフォース・ドットコムによるセールスフォース・ユーザー・コミュニティ、高級アウトドア商品を販売するスノーピーク（snow peak：本社新潟県）のスノーピーク・ユーザー・コミュニティなど、いろいろなユーザー・クラブがあります。

④ アドボカシー・プログラム

アドボカシー・プログラムは、商品・サービスの使用方法などを熟知しているファン（アドボケイト）や、その分野で人気を集めるユーチューバーやブロガー等と協業し、「アンバサダー」として一緒に顧客層を広げていきます。作業服の専門店からスタートしたワークマンは、若者向けのカジュアル・ウェアである「ワークマンプラス」を展開するにあたって「ワークマン公式アンバサダー」を任命しています。このアンバサダーたちは、製品開発への助言や、それぞれのサイトで新製品情報等の発信をしていますが、ワークマンから金銭的な報酬を受け取っていません。金銭的な報酬を受け取ってしまえば、単なるサイト広告と変わらなくなってしまうからです。

第5章

「主要活動」「主要資源」
「主要パートナー」を考える

戦略の本質とは何をやらないかを選択することだ。

マイケル・ポーター

🔳 左側を考える上での勘所

　この左側のブロックを考えるにあたっては、「何をやるか」ということだけでなく「何をやらないか」を決めることも重要です。ポーターは「戦略の本質とは何をやらないかを選択することだ」と述べ、総花的になんでも自前でやろうとする経営者たちにくぎをさしました。また、経営思想家のピーター・ドラッカーも「コスト削減の最も効果的な方法は、活動そのものをやめることである」と強調しています。実務家の視点からも、アップル社の共同創業者であるスティーブ・ジョブズは「なにをしないかを決めることは、なにをするのかを決めるのと同じくらい重要だ」と述べています。

　後述するGAFAM（グーグル、アップル、フェイスブック、アマゾン・ドットコム、マイクロソフト）などは、ほとんど製造はEMS（エレクトリック・マニュファクチャリング・サービス）会社にアウトソースしており自社工場を持っていない「ファブレス企業」です。ネットフリックスはコンテンツのデジタル配信をやっているので自社で巨大な情報システムを所有しているように見えますが、情報システムはアマゾン・ドットコムのAWS（Amazon Web Service）にアウトソースし、自社はコンテ

ンツ制作や買付けに集中しています。筆者から見るとアマゾン・ドット
コムはアマゾン・ビデオなどのサービスも行っているので、一部ネットフ
リックスと競合するように思えるのですが、そんなことはお構いなしで大
胆にスピード感を持って「何をやらないか」を決めているのです。

　左側の設計にも、キム＆モボルニュの「ブルーオーシャン戦略」は参
考になります。先ほどは「ブルーオーシャン戦略」の3グループの非顧
客層を紹介しましたが、本章では、「バリュー・イノベーション」とい
う考え方と「4つのアクション」、そして、その4つのアクションをフ
レームワークとして整理する「ERRC グリッド」を紹介します。

　キム＆モボルニュは、やらないことを明確にしてコストを下げなが
ら、買い手にとっての価値を高める（差別化する）一連の活動をバ
リュー・イノベーションと呼びました。既存の業界では当たり前になっ
ている特定の活動をそぎ落してコストを下げ、業界にとって未知の要素
を取り入れて価値を生み出し、利益の上がるビジネスモデルを再構築す
るという考え方です。既存業界では当たり前で、支配的になっているド
ミナント・ロジック（dominant logic）にチャレンジして、やらなくて
も良いことを削ぎ落とし、既存業界ではカバーできなかった新たな価値
を生み出すということです。ERRC グリッドは、E（Eliminate）取り除
く、R（Reduce）減らす、R（Raise）増やす、C（Create）付け加え
る、といった4つのアクションをフレームワークにしたものです。

　ブルーオーシャン戦略の中では、身近な例として QB ハウスやカーブ
ス（Curves）が紹介されていますが、この2社のビジネスを ERRC グ
リッドで解説すると、**図表 2-16** と**図表 2-17** のようになります。特に、
スタートアップ企業は、自社の経営資源が限られており、総花的にいろ
いろな活動やいろいろな顧客を相手にするのではなく、「やらないこと」
や「対象にしない顧客」を明確にすることが重要です。

　ビジネスモデル・キャンバスの左側のブロックでは、右側で確認され
た価値提案を実行に移すために重要な活動と、その主要活動を行うため

図表 2-16 「QB ハウス」の ERRC グリッド

Eliminate（取り除く）	Raise（増やす）
●予約システム（予約を取らない） ●水回り（シャンプーしない） ●マッサージなどのサービス（しない） ●耳掃除（しない）	●店舗数（駅近などで展開） ●フランチャイズ制で「のれん分け」スタイル ●衛生面（より衛生的に）
Reduce（減らす）	Create（付け加える）
●価格（5000 円→1000 円） ●ヘアートリートメント ●待合スペース ●理容に要する時間	●エアーウォッシャー ●混在状況を示すランプ

出所：チャン・キム＆レネ・モボルニュ著「新版ブルーオーシャン戦略」（ダイヤモンド社）を参考に筆者作成

図表 2-17 「カーブス（Curves）」ERRC グリッド

Eliminate（取り除く）	Raise（増やす）
●No Men：会員は女性に限定 ●No Makeup：化粧をしなくても通える ●No Mirror：鏡はなく運動に集中 ●プールやシャワーなどの「水回り」は排除し、施設規模は平均 40 坪程度。	●主婦が気軽にノーメイクアップで通えるように店舗数を増やしている。（2019 年 10 月 15 日時点で 2,002 店舗） ●コーチは必ず付くようになっている。 ●会員は月に 1 回体脂肪の計測を行う。
Reduce（減らす）	Create（付け加える）
●24 時間開けているジムもある中で、平日は 10 時から 19 時、土曜日は 13 時、日曜日はお休みで、営業時間を減らした。 ●入会促進は、マスメディアへの広告を減らし（無料の）口コミを中心とした。	●コーチは会員一人一人の顔を憶え会員をファーストネームで呼んでいる。 ●一週間来室しない会員にはコーチが電話をかける。

出所：チャン・キム＆レネ・モボルニュ著「新版ブルーオーシャン戦略」（ダイヤモンド社）と山田英夫著「ビジネスモデルのルール」（ダイヤモンド社）を参考に筆者作成

に必要な経営資源を特定し、次にその経営資源は自社で所有すべきかどうかを判断し、自社で所有せずともパートナーに任せることができるものであれば、そのパートナーを特定する、といった順番で進めていくことになります。

❷「主な活動」を考える

　この「主な活動」を考えるにあたっては、マイケル・ポーターが提示した「バリューチェーン（価値連鎖）」の考え方が参考になります。ポーターは、「競争優位の戦略」の中で、企業が製品を設計・生産・販売・配送・サポートするために遂行する活動の集合をバリューチェーン（価値連鎖）と呼びました。**（図表 2-18）**言い換えれば、企業（事業体）はこれらの活動の集合体だということです。ポーターは、「価値とは、買い手が会社の提供するものに進んで払ってくれる金額である。価値は総収入額で払われる。すなわち、会社の製品につけられた価格と売れる量の積である。」[*17]と述べていますが、まさにこれは、ビジネスモデル・キャンバスの右側のブロックでの価値提案とその結果得られる収入（売上）を表しています。

　ポーター自身も述べていますが、このバリューチェーンの諸活動は製造業の視点から作られているため、業界によって修正していくことが必要です。伝統的な流通・小売業であれば、商品の仕入れ（マーチャンダイジング）から始まって、物流（ロジスティックス）、マーケティング、店舗設立、店舗運営といったバリューチェーンが考えられます。た

図表 2-18 M. ポーターの「バリューチェーン（Value Chain）」

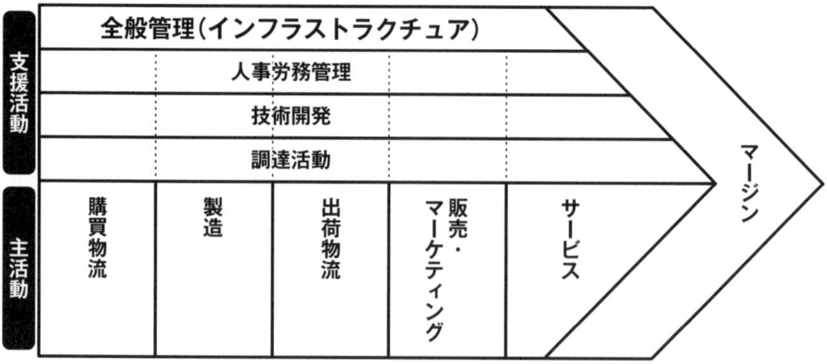

出所：M. ポーター著、土岐坤等訳「競争優位の戦略」ダイヤモンド社（1985 年）より抜粋

だ、流通・小売業から始まったユニクロは、次第に商品企画や生産（委託）にバリューチェーンを拡大し、SPA（Specialty store retailer of Private label Apparel：製造小売アパレル）という新しい業態を開発しました。同様に、家具の小売業から始まったニトリも、SPAの「A」が「F：Furniture」に変わってはいますが、商品企画や生産（委託）に活動を拡大して大きな成果を上げています。これらは、従来型の流通・小売りのバリューチェーンにこだわらず、フル・バリューチェーンで考えなければ出てこないビジネスモデルです。

　バリューチェーンの中でも、商品企画・開発は上流（アップストリーム：Upstream）、販売や保守サービスなどは下流（ダウンストリーム：Downstream）という言い方をしますが、ユニクロやニトリは自社のバリューチェーンをアップストリームに発展させた事例です。一方で、製造業では、創業期には開発・製造に活動を集中して販売（特に海外販売）は商社に任せていた企業も多いのですが、事業の発展とともに自社の活動を販売やサービスといったダウンストリームに拡大させていく事例も多くなっています。

　バリューチェーンは、自社だけでなく他社のものも分析して、自社はどの活動に価値創造の源泉をおくのか、すなわち、バリューチェーンのどの活動から多くの付加価値を生み出すのか、どの活動をどこの国で行うかといった経営判断が重要になります。高度にグローバル化された市場で戦っている電子・電機製品の製造業では「スマイル・カーブ」という考え方があります。これは、台湾のICT企業エイサーの創業者であるスタン・シーが提唱した概念で、上流に位置する開発・設計や、比較的下流に位置するマーケティングやブランディングでの活動の付加価値が相対的に高くて、中流に位置する製造・組立活動からの付加価値が相対的に小さくなっていることを表しています。付加価値の高さを縦軸におき、横軸にはバリューチェーンの諸活動を上流から順番に並べていくと、あたかもヒトの笑った口元に似ていることからスマイル・カーブと名付けられました。**（図表2-19）**

図表 2-19 電機産業におけるスマイル・カーブ

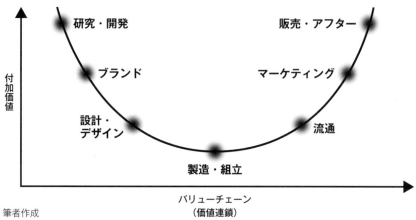

筆者作成

　既に述べた GAFAM はその典型例ですが、これは、電子・電機製品
の製造・組立がモジュール化され標準化された結果、そこで差別化する
ことができなくなったために製造・組立の価値が相対的に低下したこと
に起因します。GAFAM のほとんどは工場を持たないファブレス企業
として、製品の製造を鴻海（ホンハイ）精密工業のような EMS（Elec-
tric Manufacturing Service）企業に委託しています。PC やスマート
フォンの製造・組立だけでなく、半導体産業においてもファウンドリ・
サービス（Foundry Service）と言われる半導体の受託製造に特化した
専門企業の存在感が大きくなっています。台湾の TSMC は半導体ファ
ウンドリ・サービス企業の代表ですが、今やグローバル市場の中で、
米中覇権争いに影響を与えるほどの大きなプレゼンスを誇っていま
す。従来まで、この「スマイル・カーブ」は部品点数の多いガソリン
車の製造には適用できなかったのですが、電気自動車（EV）になるこ
とによって部品点数が減ると同時にモジュール化が可能になり、今
後、アップルやソニーといった企業が EMS を使ってどんどん自動車産
業に参入してくることになります。このように、自社のバリュー
チェーン活動を見直し、どこで差別化するか、どの活動に経営資源を

投入するか、どの機能や活動をアウトソースするかといった見極めが非常に重要になります。

3 「主要リソース（経営資源）」を考える

　企業の経営資源というと、一般的にはヒト・モノ・カネ・情報といったものが挙げられますが、特に、近年では、特許や意匠権などの知的財産（Intellectual Property：IP）や知識（Knowledge：ナレッジ）の重要性が指摘されます。そして、最近では、この外にある「デジタルで収集され蓄積される顧客情報（顧客ビッグデータ）」が重要になっていますが、これは第4部で考察します。**（図表2-20）**

　経営資源の中でも、モノやカネの価値は使えば使うほど目減りするのに対して、ヒトや知識（ナレッジ）や顧客ビッグデータは、経験や収集の蓄積によって価値を上げていくことができます。また、財務会計的な視点で言えば、モノ（有形資産）・カネは企業のバランス・シート（貸

図表 2-20 企業の経営資源（リソース）とは？

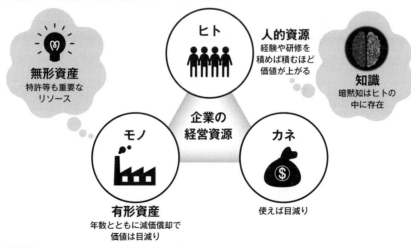

筆者作成

借対照表）に反映されますが、ヒトや知識（ナレッジ）、顧客ビッグ
データ等の無形資産のほとんどはバランス・シートには反映されません。

　ヒト（Human Resource：人的資源）は、企業の経営資源の中で最も
重要だと思いますが、残念ながら、その価値は今のところ財務会計上は
測ることができません。その上、入退社が流動的で、同じヒトでもやる
気がある時とない時ではパフォーマンスがまったく違います。企業に
とっては最も重要ですが、最も扱いの難しい経営資源ということになり
ます。

　また、知識（ナレッジ）については、一橋大学の野中郁次郎名誉教授
は、知識の種類を「形式知」と「暗黙知」に分けています。「形式知」
とは、マニュアルに代表されるように文章や図表などによって表すこと
のできる知識で、「暗黙知」とは、個人の経験や勘、ノウハウなどで、
簡単には他人に説明することのできない知識です。暗黙知の場合は属人
的で、ヒトと暗黙知の価値は表裏一体ということになります。野中教授
は、社員個々人が持つ知識、経験、ノウハウを言語化（形式知化）して
共有していくことが企業の競争力強化にとって重要であり、そのプロセ
スとして SECI（セキ）モデルを提唱しました。SECI モデルとは、So-
cialization（共同化）、Externalization（表出化）、Combination（連結
化）、Internalization（内面化）といった4つのプロセスを踏むことと、
そのための「場」が提供されることで、属人的な暗黙知はメンバーが共
有する形式知になると説きます。SECI 理論が提唱されたのは1990年
代中盤ですが、筆者は、これらの一連の知識経営（ナレッジ・マネジメ
ント）の考え方は、むしろこれからの企業経営で重要になると思いま
す[18]。

　次にモノですが、これは目に見える有形資産（Tangible Assets）
と、目に見えない無形資産（Intangible Assets）に分けられます。財務
会計の視点では「減価償却」という考え方になりますが、原則として有
形資産の価値は時間とともに目減りしていきます。e ビジネス企業で

は、無形資産の比率が増えており、ネットフリックスでは財務会計上の総資産のうち約 3 分の 2（2020 年 12 月末時点）が映像コンテンツという無形資産で占められています。

　これらの資源は、製品開発資源、調達資源、生産資源、マーケティング資源、販売資源、サービス資源というようにバリューチェーンごとに考えるべきです。そして、今ある資源を有効活用していくのか、自社内では不十分なので獲得を目指すのか、あるいはパートナーを探していくのか、といった経営判断をするために、自社の保有している経営資源の競争力を評価していくことが必要です。ジェイ・バーニーは、「企業戦略論　競争優位の構築と持続」*19 の中で、競争優位を確保する要因として自社の経営資源（ケイパビリティ）が重要だと説き、リソース・ベースト・ビュー（RBV）の考え方とともに、そのフレームワークとして VRIO 分析を提唱しました。

① 　Value（経済価値）

　　その企業の保有する経営資源やケイパビリティは、その企業が外部環境における脅威や機会に適応することを可能にするか。

② 　Rarity（希少性）

　　その経営資源を現在コントロールしているのは、ごく少数の競合企業だろうか。

③ 　Imitability（模倣困難性）

　　その経営資源を保有していない企業は、その経営資源を獲得あるいは開発する際にコスト上の不利に直面するだろうか。

④ 　Organization（組織との適合性）

　　企業が保有する、価値があり希少で模倣コストの大きい経営資源を活用するために、組織的な方針や手続きが整っているだろうか。

　バーニーは、VRIO フレームワークの 4 つの項目のうち、①から④にいくほど競争優位を築くために重要だと説きましたが、同時に VRIOフレームワークに限界があることも認めています。一番顕著な限界は、

「シュンペーター的変革」が起こった時には、4つの尺度に合格した経営資源（ケイパビリティ）でも有効でなくなってしまうということです。シュンペーターは第4部にも出てきますが、経済成長におけるイノベーションの意義を唱えたパイオニア的存在の学者です。ここでは、バーニーは、「シュンペーター的変革」を「脅威と機会が突然に予測不能なかたちで変化する」事態だと述べています。すなわち、この4つの尺度は平時には有効だが、例えばクリステンセンのいう「破壊的イノベーション」が出てきた時は効力を失い、逆に破壊的イノベーションへの対応を遅らせる「負の資産」となってしまうと述べています。今まで成功に貢献していた資源（資産）が「負の資産」に変わってしまう問題は第4部で取り上げますが、まったく新しい価値提案に必要なリソースを考える際には、新たな価値に即したまったく違った資源を模索し、評価をしていくことが重要です。

　また、時代を少し遡って、1990年代中盤、ゲイリー・ハメルとC・K・プラハラードは、競合他社を圧倒的に上回るレベルの能力や、競合他社が真似できないコアになる能力を、「コア・コンピタンス」と呼びました。ハメルとプラハードは、コア・コンピタンスを、

① 　個別のスキルや技術ではなくてそれらを束ねたもの（集合体）
② 　長期的な企業の繁栄に貢献するもの
③ 　根本的な利益を顧客に提供することができるもの
④ 　その業界の他社よりも数段優れ、他社との違いを出せるもの
⑤ 　成功した特定の製品だけでなく新しい製品分野にも応用が利くもの

という形で定義しています[20]。すなわち、コア・コンピタンスとは特定の成功した製品・サービスに使われた技術・スキルだけでなく、より継続した企業や顧客利益に貢献するスキルや技術などを束ねたものと定義して、ホンダにおけるエンジン技術などを挙げています。（確かにホンダは最近でもエンジン技術を応用してプライベートジェット機分野でも成功しています）　この「コア・コンピタンス」という能力は、主に

企業が多角化する際に重要な考え方ですので、今でも大企業が新たに事業を創造する際の参考になると思います。

　これまで「主なリソース」を考えるためのいくつかの経営理論やフレームワークを紹介しましたが、ここでいう「リソース」は単純にバランス・シートに載っている資産や資源だけでなく、その企業の持つケイパビリティやコンピタンス（能力）といったバランス・シートにも載らず、目にも見えないものも含めると理解したほうが良いでしょう。

　このようなリソースが自社内だけでは足りないと判断した時には、資金力のある大企業の場合は、**図表 2-21** にあるような手段で新たに獲得するか、次に述べるようなパートナーを探すかといった選択をすることになります。しかし、相対的に資金力のないスタートアップ企業や中小企業は、パートナーを探していくことになります。

　最後に企業が「主要リソース」を考える時に、もう一つ重要なのが「機能外販」という発想です。機能外販とは、自社の中での優れている機能や余剰の資産を他社に提供するサービスです。アマゾン・ドットコムは自社が EC ビジネスで使っている巨大サーバー群をパッケージ化してクラウド・サービスとして販売しています。同じく同社の EC サービ

図表 2-21 リソース獲得の選択肢

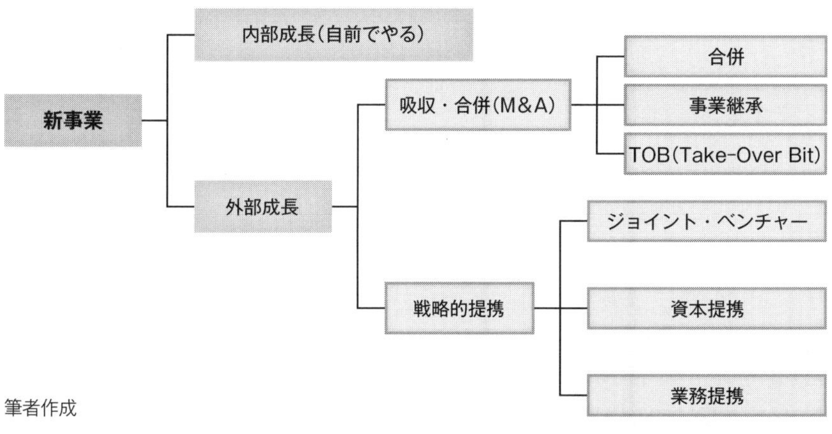

筆者作成

スの中で行っているフルフィルメント（在庫・請求・配送など）業務を
出店者にも使えるようにフルフィルメント・サービスとして提供してい
ます。その結果、アマゾン・ドットコムのクラウド・サービスである
AWS（Amazon Web Service）は、世界一のシェアを誇る同社最大の
収益源に育っています。また、ちょっと違った業界では、ドイツのルフ
トハンザ航空などのGSC（General Service Carrier：総合サービス航空
会社）が、LCC（Low Cost Carrier：格安航空会社）に航空機のメンテ
ナンス・サービスを提供しているケースや、大阪ガスがコールセンター
機能を活かし、地方自治体などからコールセンター業務を受託している
事例などが挙げられます。これらのビジネスは、自社リソースの稼働率
の空いている部分を有効に活用しようという発想から始まっています。
このように自社のリソースの「空き」を起点にして、ビジネスモデルを
構築することもできます。

４「主要パートナー」を考える

　企業はすべてのバリューチェーンの活動を自社だけで行うことはでき
ません。様々なパートナーが必要です。オスターワルダー＆ピニュール
は、パートナーシップを組む動機として次の３つを挙げています[*21]。

① 　最適化と規模の経済
　　最適化と規模の経済を目指したパートナーシップは、通常、コストを
　　下げるために行われ、アウトソーシングやインフラの共有が含まれて
　　います。例えば、ガソリン車は典型的な規模の経済の効く市場です。
　　少し色褪せてきましたが、日産とルノーに代表される自動車業界にお
　　ける既存メーカー同士のパートナーシップは、この動機によるもので
　　す。
② 　リスクと不確実性の低減
　　不確実性の高い競争環境にあって事業リスクを低減するために、あ

る分野では競合している企業同士でも、ある特定分野でパートナーシップを組むことがあります。例えば、トヨタ自動車は、MaaS（Mobility as a Service：モビリティ・アズ・ア・サービス）事業や自動運転技術を推進するためにソフトバンク・グループや、ウーバー（Uber）、グラブ（Grab）、ディディ（DiDi Mobility：滴滴出行）といった世界各国の主要ライドシェア会社とパートナーシップを組んでいます。また、2021年4月に全米第2位のライドシェア会社であるリフト（Lyft）の自動運転部門を買収することを発表しています。これなどは、ソフトバンクの持つICTに関する知見や、ライドシェア会社が持つサービス・ビジネスの知見、トヨタが持つ自動車技術が一緒になってパートナーシップを組むことにより、MaaSや自動運転という新規サービス事業分野のリスクや不確実性を低減することを狙ったものと理解できます。トヨタ以外でも、日産が自動運転のウェイモ（Waymo）や日本のDeNAと、ホンダが米国クルーズ社やマイクロソフト社と自動運転技術開発のパートナーシップを組んでいます。

③　リソースと活動の獲得

特定のリソースやバリューチェーンの中の特定の活動について他社に依存するパートナーシップです。例えば、スマートフォンにおいて、アップルはiOSという自前のOS（オペレーティング・システム）を持っていますが、その他のほとんどのスマホ・メーカーはグーグルのアンドロイド（Android）をOSとして使っています。このように、OS開発という活動をグーグルというパートナーに依存しているのです。

　次に、パートナーの種類や形態を、主なバリューチェーン活動に沿って見ていきましょう。**（図表2-22）**

①　研究開発

チェスブロウは、「オープン・イノベーション」を「企業内部と外

図表 2-22 各価値連鎖活動でのパートナー

	R&D デザイン	パーツや部品の生産	完成品生産アッセンブリング	マーケティングブランディング	販売	保守・サービス
戦略資産としての重要性	高い重要性	低位の重要性	低位から中位の重要性	高い重要性	中位の重要性	中位の重要性
パートナー依存度	オープンイノベーション	高い	高い	低い	比較的高い	比較的高い
パートナーの種類	アウトサイドインインサイドアウト	サプライ・チェーンパートナー	EMSパートナー	原則自前が多い	チャネルパートナー	チャネルパートナー修理工場

出所：S.Tamer Cavusgil「International Business The New Realities」Pearson Global Edition を参考に筆者作成

　部のアイデアを有機的に結合させ、価値を創造すること」と定義し、研究開発活動を自社の中でクローズに行うのではなくて、他社とオープンに行うことを提唱しました。詳しくは、第3部において紹介しますが、それが一つの契機になるとともに、複雑化・複合化する研究開発分野において、パートナーシップの重要性は益々増大しています。民間企業同士や、民間企業と国や大学の研究機関、あるいは交流サイトを通じた企業と研究者個人による「共同研究」は、コロナ禍の中のワクチン開発でも実証されたように非常に大きな成果を上げることができます。また、特許や技術ノウハウの提供を行う「技術ライセンス」のライセンサーとライセンシーの関係もパートナーシップの一形態です。技術供与を受けるライセンシーは、その見返りとしてライセンサーにロイヤルティなどを払います。双方にとって対価が大きい場合は、それぞれは「主要パートナー」となります。

② 部品・部材の調達

　部品・部材の調達網をサプライチェーンと呼びますが、製造業にとってサプライ・チェーンパートナーも重要なパートナーとなります。部品点数が3万点を超えるガソリン車メーカーにとって、効率

的で機動的なサプライチェーン網の構築は競争優位の源泉となっています。また、アップル社のグローバル・サプライチェーンも有名です。アップル社では、非常に厳格な25のサプライヤー行動規範を課して、世界に広がるサプライチェーンをコントロールしています。アップル社では毎年アプルーブド・サプライヤー・リスト（Approved Supplier List）を更新しており、2020年も200社（中国51社、台湾48社、日本34社、米国32社、韓国13社、その他22社）の企業リストを公開しています。ただ、最近の米中覇権争いによって世界のサプライチェーンの一部が分断される事態になっています。次に述べる生産拠点の選択とともに、政治的な動向を注視していく必要があります。

③　生産（製造・組立）

生産においては生産委託企業と受託企業の関係も重要なパートナーシップの形態です。既に述べたように、電子・電機産業の多くの企業にとって、スマイル・カーブの中流部分は価値を生む源泉ではなくなってきました。そのため、シリコン・バレーのハイテク企業を中心に、生産資源である工場（土地・建物・設備）や工場の人員を自らは所有しない「ファブレス企業」が増えてきました。同じよう傾向として、半導体産業におけるファウンドリ（Foundry）・サービスも既に紹介した通りです。このように生産を専門に請け負うEMS（Electric Manufacturing Service）で、世界最大の企業は台湾の鴻海精密工業で、鴻海科技集団（フォックスコン・テクノロジー・グループ）の中核会社で、iPhoneの製造受託会社としても有名です。そして、鴻海科技集団（フォックスコン・テクノロジー・グループ）はシャープも傘下に入れています。

④　販売・アフターサービス

販売やアフターサービスについては、その事業体のビジネスモデルの実行に欠かせないのであれば「主なチャネル・パートナー」とし

て捉えます。販売・アフターサービス・パートナーの種類は、既に「チャネル」で紹介した通りですが、所有権を移転して「卸す」場合と、所有権は移転せずに商品が売れた段階で販売手数料を払う「販売委託」の形態があります。例えば、通常の書店における書籍の販売はほとんどが「販売委託」で、売れなければ書籍は返本されることになります。

これ以外でも、販売先のブランドで販売するOEM（Original Equipment Manufacturing）などがあります。また、海外市場に進出した際、現地での有力なチャネル・パートナーを獲得するために、その国や地域における「排他的販売権（Exclusive Marketing Right）」を与えることがあります。また、流通・小売業や外食産業などで多店舗展開をする際に重要になるのが、「フランチャイズ制」を取るかどうかという経営判断です。「フランチャイズ制」を取った場合は、フランチャイザーにとってフランチャイジーは重要なパートナーとなります。これについても第3部で述べますが、ハンバーガーのマクドナルドやコンビニのセブン-イレブン、アパレルのワークマン等にとってフランチャイジーとの関係性を維持・強化することは非常に重要になります。

経営資源の少ないスタートアップ企業や中小企業は、パートナーの力を積極的に活用すべきです。ここ10年で、スタートアップ企業を支援する様々な「パートナー」が出てきています。まずは、大前研一氏が「3つのクラウド化」と呼んだクラウド・コンピューティング（Cloud Computing）、クラウド・ファンディング（Crowd Funding）、クラウド・ソーシング（Crowd Sourcing）です。クラウド・コンピューティングによって情報システムに対する投資負担が軽減され、クラウド・ファンディングによって事業に必要な資金を迅速に集めることができ、クラウド・ソーシングによってウェブ制作や翻訳、契約書作成といった自前でやれば相当ロードがかかる業務をやってもらうことができます。

また、広告も従来までのマスメディア広告は中小企業の手が届かないほ
ど高額でしたが、グーグルやフェイスブックの広告は非常に小口で小回
りがききますし、SNS を通じて自ら製品・サービス情報を発信するこ
ともできます。販売についても、アマゾン・ドットコムなどがフルフィ
ルメント・サービス付きで支援してくれ、更に自前で直接顧客にネット
販売したい場合は Shopify（ショッピファイ）や BASE（ベイス）など
の D2C 支援サービスがあります。メーカーにしても、ユニークで価値
訴求の強い製品アイデアがあれば、3D プリンター・サービスなどに
よってモックアップを簡単に作れます。これまでは、経営資源が少ない
ことは決定的なハンディキャップでしたが、これらの「パートナー」の
出現により、ユニークなアイデアが製品化されて大きな価値を生み出す
チャンスが出てきました。

第6章

「収入の流れ」「コスト構造」を考える

なにかを発明したとしても、それだけで人の役に立てるとは限りません。
実際に世に送り出さないといけません。形にして製造し、その資金を
まかなえるくらい稼がなければならないのです。

ラリー・ペイジ

　ビジネス・キャンバスの構造上は、「収入の流れ」は右側の価値提案
活動の結果として記述され、「コスト構造」は、価値を届けるための社
内外の諸活動の結果生じるコストを記述します。しかし、最終的には、
収入とコストのバランスをチェックすることが重要です。企業会計原則
の一つに「費用収益対応の原則」がありますが、これは「費用及び収益
は、その発生原則に従って明瞭に分類し、各収益項目とそれに関連する
費用項目とを損益計算書に対応表示しなければならない」というもので
す。当たり前のことですが、コストが収入を上回れば赤字になります。
これに加えて、スタートアップ企業は、時間軸との戦いも重要になりま
す。最近では、起業にあたって「構築―計測―学習」を繰り返して、小
さく始めながら少しずつビジネスモデルをチューンアップする「リー
ン・スタートアップ」という考え方がありますが、それにしてもある程
度の初期投資は必要です。起業にあたっては、複数年における収入と費
用を対応させながら考えることが重要で、本書では「収入の流れ」と
「コスト構造」を同じ章で論じることにします。

◼ フロー収入かストック収入か（図表 2-23）

　製品・サービスを売った物販収入、その補完品・補完サービスからの
収入、様々なライセンス料、ロイヤルティ料、販売手数料、消耗品の従
量課金、コンサルタントの成功報酬など、収入（売上）の源泉は様々で
す。例えば、EC（ネット通販）ビジネスも B2C、C2C、B2B がありま
すが、同じ EC ビジネスでもその収入源は、物販取引、出店手数料、広
告収入、プレミアム会費収入、フルフィルメント・サービス料、決済
サービス料など様々です。

　しかし、ビジネスモデルを考えるにあたっては、これらの収入がワン
タイム（1 回限り）なのか、継続して収入のあるアニュイティなのかが
重要です。本書では、前者をフロー収入、後者をストック収入と呼ぶこ
とにします。フロー収入の代表は物販収入で、いわゆる売切りモデルで
す。売り切りモデルの中でも、日用品などの少額商品でリピート・オー
ダーを狙うものから、クルマや住宅のような高額商品があります。クル
マは一部マニアへの販売を除き一度売れば数年間はリピート・オーダー

図表 2-23 フローとストックの収益化モデル

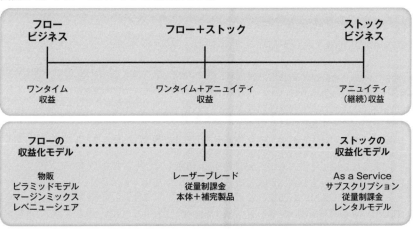

筆者作成

を期待できませんし、住宅にいたっては一人の顧客が一生に一度か二度購入する大型商品です。一方で、継続して収入のあるアニュイティ収入の代表がサブスクリプション・サービスなどのいわゆる継続サービス収入です。サブスクリプション・サービスは一回あたりあるいは期間当たりの価格を固定（定額）することにより、取引に対する顧客の受容性を増し、売上増大を狙うものです。自宅に配達してくれる新聞も古典的なサブスクリプション・サービスであり、現在では、ネットフリックス（Netflix）やスポティファイ（Spotify）、DAZN（ダゾーン）などのデジタル・コンテンツ（映像、音楽、動画など）の配信サービスのほとんどがサブスクリプション・サービスです。そして、法人向けコンピュータの世界でも、これまでのように自社でシステムを組み立てるオン・プレミス方式から、定額プラス一部従量課金のクラウド・サービス（As a Service）に急速に移行しつつあります。これも重要なサブスクリプション・サービスの一種といえるでしょう。また、フロー・ビジネスとストック・ビジネスの中間として「フロー＋ストック」の収益化モデルがあります。これは、本体製品を売切った上で消耗品や付帯サービスによって継続的な収入を狙うものでレーザー・ブレード・モデル（替え刃モデル）などが挙げられます。典型的には、インクジェット・プリンターのビジネスモデルです。インクジェット・プリンターは本体ではほとんど利益は出ないですが、消耗品であるインクカートリッジで大きな利益を稼いでいます。また、複合機ではトナーなどの消耗品と機械修理費をコピー一枚当たりいくらの従量課金にしており、機器本体よりもこちらのほうが主な収益源になっています。

　フローかストックかによって顧客との関係性も大きく変化しますので、異なったビジネスモデルが必要です。物販に代表されるフロー・ビジネスでは、顧客を獲得するまでのプロセスが重視されてきました。例えば、AIDMA は、Attention（注意）、Interest（興味）、Desire（欲望）、Memory（記憶）、Action（購買行動）といった顧客の購買行動を説明するモデ

ルです。これに類似したものとして、EC（ネット通販）における購買行動を説明するものとして AISAS があります。AISAS は、Attention（注意）、Interest（興味）、Search（検索）、Action（購買行動）、Share（商品情報の共有）ということですが、両方ともフローのワンタイム収入を得るまでの購買プロセスを説明するものです。しかし、サブスクリプション・サービスなどのストック・ビジネスは契約を取ってからが勝負ということになります。そのため、業績の管理指標も、期間損益や期間内市場シェア等ではなく、顧客ライフタイム・バリュー（LTV）や解約率（Churn Rate）、契約更新率といった、顧客を中心にしたより長期的なものが必要になります。ストック・ビジネスは、一度ビジネスが軌道に乗れば安定収入を獲得できますが、ある一定以上の顧客数が必要で、資金量の少ないスタートアップ企業がストック・ビジネスで収入を得るためには相当の時間と資金が必要です。しかし、ビジネスをより安定させるためには、ストック的な収入源を模索していく必要があります。例えば、現在の自動車産業で起こっている 100 年に一度の変革は CASE（Connecting, Autonomous driving, Sharing, Electric Vehicle）で説明されますが、テスラなどの動きを見ても、これはフローからストックへのビジネスモデルの変換ではないかと思います。伝統的な自動車産業では、自動車メーカー（部材メーカーをネットワーク化した組立メーカー）がいて、ディーラーが販売とアフターサービスを担当し、燃料（ガソリン）は石油会社のコントロール下のガソリン・スタンドで補給するという自動車会社にとっては売り切りのフロー・ビジネスになっています。しかし、テスラの場合は、契約までのプロセスはネット販売で簡略化し、契約を取って納車してからが勝負です。既に述べたように、顧客に定期的なソフトウェアのアップデートを提案したり、燃料補給ポイントであるスーパーチャージャー・ステーションを設置したり、自宅で再生可能エネルギーによって電気を補給する仕掛けを提供したり、もうすぐユーザーがカーシェアできるような仕組みや保険なども整えて、本来の意味でのサブスクリプション・サービスを展開していく

でしょう。テスラ自体が早々に社名から「モーターズ（Motors）」の文字を取ったように、テスラは「スマートなクルマで移動する」というジョブを満たすための総合的なストック・ビジネスに向かっているのです。

❷ 価格を考える

　収入を考えるにあたって、価格は非常に重要です。フロー・ビジネスにおいては、収入は価格と販売数量の積ですし、ストック・ビジネスにおいても、収入は月額料金と月間課金ユーザー（Monthly Active Users）数の積となります。ビジネスモデルとしていうならば、価格とは「提案した価値に対して顧客が納得して支払う（Willing To Pay）」額だということになりますが、B2C ビジネスと B2B ビジネスの場合では様相が違います。

　B2C ビジネスの場合は、価格に対して心理的な側面が働きます。同じ薬を飲んでも値段の高い方が良く効くと思いこむ「プラシーボ効果」、買い手が基準点となる製品の価格につられて購買してしまう「アンカー効果」、ラグジュアリー商品などの高価格設定によって商品全体が実際以上に良いと思いこむ「ハロー効果」など、経済合理性だけでは説明できない購買行動を取ることがあります。これらは、1979 年に心理学者のダニエル・カーニマンやエイモス・トヴァスキーによって「プロスペクト理論」として発表されましたが、その後、経済学の一分野である行動経済学として学問的な成果となりました。B2C ビジネスにおいて価格を設定するにあたっては、これらの行動経済学上の諸理論も頭に入れておく必要があります。

　価格の設定方法としては、大きく分けると自社のコストの積み上げにマークアップ（利益）を乗せるマーク・アップ方式と、慣習的な市場価格やマーケット・リーダーの価格に追随する市場価格方式があります。既に紹介した、インドのタタ・モーターズのナノは、まずは価格ありきでコスト構造をスリム化した事例ですが、同様に発展途上国向けのソーシャル・ビジネスでは、まずは浸透するための価格をつけていくことが

必要です。これらに加えて、行動経済学を応用した様々な心理的価格設定方法があります。**（図表2-24）**また、価格設定をする前に、価格戦略として、プレミアム市場を狙う高価格戦略と取るのか、より速い市場への浸透を狙って低価格戦略を取るのかといった選択も必要です。しかし、第3部の「小売りの輪の理論」でも考察しますが、長く低価格戦略を続けて事業が継続できた事例はそう多くはありません。

　価格については、設定方法とともに「値引き」や「値上げ」といった価格運用上の問題があります。米国における価格戦略の専門家でマーケティグ・コンサルタントでもあるハーマン・サイモンは、著書「価格の掟：Confessions of the Pricing Man」の中で、「日本では、市場シェアがある種の国家的な脅迫観念となっている。（中略）市場シェアを失うことがタブー視されているので、積極的なプライジングや割引を控える提案をしても、すべて丁重に断られてしまうのだ」[*22]と値引き競争に陥る日本企業の悪弊を指摘しています。当然日本でも、値引きを奨励する企業経営者はいませんが、同業者に追随して同じような製品やサービスで競い合う「横並び競争」になると、値引き合戦の泥沼に陥って利益を失うということになります。このような「横並び競争」の結果、製品はコモディティ化し、価格ドットコムの対象品となります。価格ドットコムは、消費者には大きな便益をもたらしてくれますが、メーカーなど供給する側にとっては大きな脅威です。また、B2Bビジネスの場合は、競争入札で最低価格を競ったり、経費削減コンサ

図表2-24 心理的価格設定

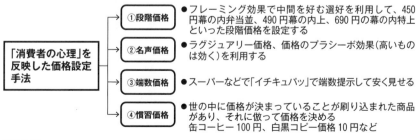

筆者作成

ルなどによってリバース・オークション*23 にかけられたりして、共倒れ状態の消耗戦となってしまいます。このような状況から脱するためには、ビジネスモデルを革新して、競争のルールを変えていく必要があります。

　また、逆に値上げをする際も細心の注意が必要です。ハーマン・サイモンは、2011年にネットフリックス（Netflix）が行ったライセンス費用の高騰を理由とした定額料金値上げを挙げて、同社は、この値上げによってユーザーだけでなく、投資家も離れ時価総額が大きく棄損し、アマゾンやアップルと言った競争の攻勢を強めたと指摘しています。ネットフリックスは、2021年2月にも標準プランの料金を1,320円から1,470円に、基本プランも880円から990円に上げており、再び「値上げ」にチャレンジしていますが、映像ストリーミング・サービスの競争が激化する中で、今後のユーザー動向が注目されます。

　値上げに関しては、ちょっと古いですが、ゼロックスや富士ゼロックスが1970年代にオイルショックによるコスト増をカバーするためにコピー料金を値上げし、キヤノンやリコーといった競合企業の攻勢を招いた失敗事例もあります。このように、競争市場の中では、自社のコスト増を理由にした安易な値上げは絶対に禁物ということになります。

　一般的に言って、既存ユーザーを抱えるストック・ビジネスの方が「値上げ」「値下げ」に敏感になるべきだと思います。また、インターネットやSNSが発達した今日、製品やサービス価格の安易な値下げはあっという間にネット空間に広がると考えたほうがよいでしょう。メーカーがチャネルに対して再販売価格を指定することは独占禁止法で禁止されていますが、流通経路での価格に対するアンテナは常に張っていく必要があります。また、安易な値下げではなく、マクドナルドの「バリュー・パック」のようにセット販売にしてお得感を出すとか、逆に、これまでセットで販売されていた商品をバラバラに提供して単品としての価値を上げるという方法もあります。有名な経営雑誌であるハーバード・ビジネス・レビューは、すべての記事が読みたいわけではなく特定のテーマに

だけ興味がある読者を対象に、月刊誌の記事を小分けにして、興味のある記事だけを読めるように若干高めのアラカルト価格を設定しています。

　また、EC（ネット通販）の普及によって、これまでの「一物一価」の原則が大きく崩れだしています。ネットへの出品者によって同じ製品の価格が違うことは当たり前になっていますし、最近では、ダイナミック・プライジング（Dynamic Pricing）という価格設定手法も広がっています。ダイナミック・プライジングとは、AI（人工知能）やビックデータを活用し、需要と供給のバランスに応じて、リアルタイムに価格を変動させて収益の最大化を図る価格設定方式です。**（図表2-25）** 飛行機料金や、プロスポーツ・コンサートのチケットの販売などに利用されておりAIはわざわざ自社で購入する必要はなく、クラウド・サービスによって

図表2-25 ダイナミック・プライジング（Dynamic Pricing）の考え方

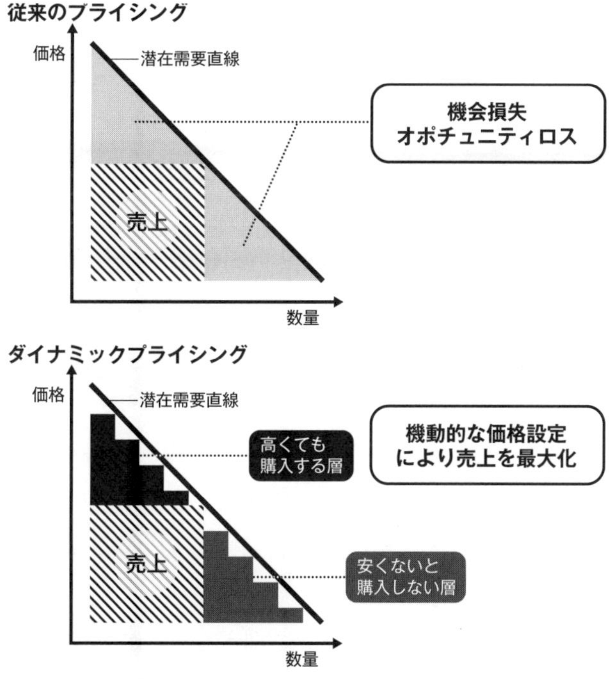

筆者作成

AI サービスを利用することもできます。ダイナミック・プライジングは商品の電子タグとともに一部の家電量販店にも広がっており、稼働率を上げることや、機会損失を最小化するために有効な方法です。

❸「コスト構造」で重要ないくつかの経済性原理

　次に、コストを下げていくために有効ないくつかの経済性原理があります。既に述べましたように、コスト削減には「やらないこと」をはっきりさせることが一番効果的ですが、産業界においてコスト抑制の理論的な根拠になっている経済性原理をいくつか紹介します。

① 　規模の経済性（Economy of Scale）
　　規模の経済性とは、これまで主に製造業がシェアを追求するための理論的根拠になってきました。規模（生産高など）が増すと、固定費が分散し、製品一単位当たりの製造コスト（ユニット・コスト）や提供コストが低減することを指します。例えば、製品を作るためには、固定費（製造固定人件費や製造施設費など）と変動費（製造変動人件費や材料費など）がかかりますが、固定費は製品を 1 万個作ろうが 10 万個作ろうが同じにかかるわけで、1 個当たりの製品コスト（ユニットコスト）は、固定費を製造個数で割ったものなので作れば作るほど安くなるということです。これに加えて、バイイング・パワー（価格交渉力）も上がるので部材・部品なども安く購入することができます。

② 　範囲の経済性（Economy of Scope）
　　範囲の経済性とは、異なる事業間における経営資源の共有によるコスト削減を意味します。範囲の経済は「1 と 1 のコストを足しても 1.5 のコストに抑制される」というもので、M & A や事業統合した時にスタッフ部門の人員を「1＋1＝1.5」に抑えることができたり、同じように販売チャネルを共有できたり、特許などの知的資産の共有化により

製品開発効率を上げたりすることができます。シナジー効果は、事業を多角化した際に、このような範囲の経済を機能させることにより、「1+1=3」といった相乗効果がでることを意味します。

③ 密度の経済性（Economy of Density）

密度の経済性とは、小売業やサービス業などにおいて、店舗を高密度に配置すればするほど、商品の配送コストが安くなり、その地域においては店舗自体が広告塔になるため広告費も抑制できる等の効果をいいます。日本のコンビニエンス・ストア（以下 CVS）は、この密度の経済性を活かした「ドミナント戦略」で有名ですが、米国においては、世界一の小売チェーンであるウォルマートも各地域において「ドミナント戦略」を採用しましたし、ハワイ オアフ島のワイキキ海岸に行けば、いたるところに ABC マートを見かけます。

④ ネットワーク効果（Network Effect）

ネットワーク効果は、「ネットワークの外部性」という言い方もしますが、電話や電子メールや SNS などのサービスにおいて、利用者が増えれば増えるほど、個々の利用者の利便性が増したうえに、顧客獲得コストやサービス提供コストも低減するというもので、利用者数そのものが価値を生む現象です。これは、現在の GAFAM や BAT と言われる巨大 ICT 企業の収益の理論的根拠となっているもので、利用者数がある一定のクリティカル・マス（Critical Mass：臨界量）を超えると一気に効果や利便性が増していく「収穫逓増の法則」が働くと言われています。

（図表 2-26）

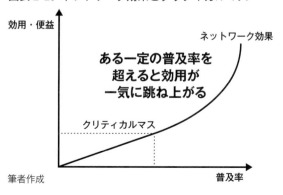

図表 2-26 ネットワーク効果とクリティカルマス

効用・便益

ネットワーク効果

ある一定の普及率を
超えると効用が
一気に跳ね上がる

クリティカルマス

普及率

筆者作成

ネットワーク効果の特徴としては、次の3つが挙げられます。

ⅰ．ロックイン効果

　　ひとたびネットワーク効果のあるサービスに加入すると、そこで築いた人間関係（SNSなど）や購入した補完材（アプリなど）があるために、囲い込みされて他のサービスに移りにくくなる。

ⅱ．先行者優位

　　先行してサービスを開始したほうがロックイン効果を享受しやすいため、先行者が優位になる。

ⅲ．WTA（Winner Takes All：勝者総取り）

　　利用者の数の多さは更に多くの利用者を呼び、更に多くのネットワーク効果が期待できるため、市場の中で勝った者（Winner）が総取り（Takes All）する状況が生まれる。

❹「固定費」「変動費」と損益分岐点分析

　コスト構造を考える際には、コストを「固定費」と「変動費」に分けて可視化することが重要です。固定費とは、生産数や販売数に関係なく発生する費用で、代表的なものは固定人件費、施設費、減価償却費などが挙げられます。変動費は、生産数や販売数に応じて発生する費用で、代表的なものは材料費や変動人件費などが挙げられます。したがって、固定費は売上がゼロでも発生しますし、変動費は売上がなければ発生しません。両方とも管理会計の概念なので、「固定費」や「変動費」の定義は、法令やルールで決まっているわけではありませんが、おおまかには、固定費は1年以内には変えられない費用、変動費は変えられる費用と理解してよいと思います。**図表2-27**が損益分岐点チャートですが、横軸は売上、縦軸はコスト（費用）ということになります。固定費の横線は売上にかかわらず一定で、固定費と変動費の合計の直線と売上の直線が交わるポイントが損益分岐点です。この分岐点よりも売上が多ければ三角形部分の利益が出て、少なけれ

ば同じように逆の三角形分の損失が出ることになります。

損益分岐点売上（いくら売り上げれば利益あるいは損失がプラスマイナスゼロになるのか）や必要利益を上げるためにはいくらの売上を上げるべきかといった、売上や販売量を求める算式は以下の通りです。(**図表 2-28、29**)

図表 2-27 損益分岐点分析チャート

損益分岐点

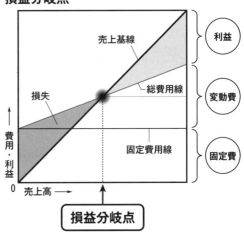

図表 2-28 基本方程式（1）

$$損益分岐点売上高 = \frac{固定費}{貢献利益率}$$

売上−変動費＝貢献利益

$$= \frac{固定費}{1 - \dfrac{変動費}{売上高}}$$

$$損益分岐点売上高比率(\%) = \frac{損益分岐点売上高}{売上高} \times 100(\%)$$

図表 2-29 基本方程式（2）

$$目標売上高 = \frac{固定費＋目標利益}{貢献利益率}$$

貢献利益率＝1−変動費率
変動費率＝変動費÷売上高

$$目標利益額 = 売上高 \times 貢献利益率 − 固定費$$

　ビジネスモデル・キャンバスとの関わりで説明すれば、「主な活動」を自前でやるという選択肢はある意味では固定費を選択することになります。逆に、外部にアウトソースするという選択肢は（契約内容にもよりますが）変動費を選択したということになります。**(図表 2-30)**

図表 2-30 Key Activities や Partners と関連コスト

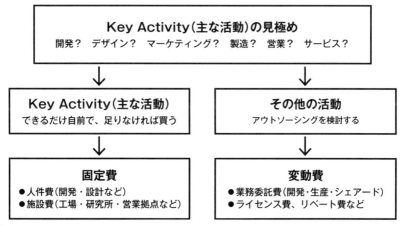

筆者作成

　損益分岐点分析によって収益構造を改善する方法としては、①販売数量を上げる、②販売単価を上げる、③変動費率を下げる、④固定費を圧縮する、といった選択肢があります。販売数量を上げて売上増大を図るには、販売チャネルや販売成員を増やすといった基本的な方法以外に、価値提案のところでも考察した非顧客層を開拓するといった発想が重要です。販売単価のアップでは、流通・小売業で言えばプライベート・ブランドなどを導入して商品単価を上げていくこと、変動費率の改善では値引きの抑制なども重要ですが、デジタル技術を活用して限界費用を最小化していくことで効果が期待できます。最後の固定費の圧縮は、やはり自前でやることを絞っていくことが必要です。特に、スタートアップ企業などでは、できるだけ変動費化を図り、大きな固定費を持たないことが重要です。**(図表 2-31)**

図表 2-31　損益分岐点分析でビジネスモデルを考える

販売数量の増加	販売単価アップ
●販売チャネルの新規開拓 ●直販営業成員の増加 ●非顧客層の開拓 ●ロングテールによる品揃えの拡大 ●ダイナミック・プライジングの導入による機会ロスの最小化	●プレミアム商品の導入 ●SPA による製品企画価値の取り込み ●関連商品とのバンドリングによる単価アップ ●ダイナミック・プライジングの導入による単価アップ
変動費率の改善	固定費の圧縮
●製品のデ・フューチャー（いらない製品機能の削ぎ落し） ●やらない業務の特定 ●EC 活用による限界費用の最小化 ●共通購買の導入による原材料費の低減	●ノンコア業務のアウトソーシング ●3 つのクラウド化の積極活用 ●間接業務のシェアード・サービス化 ●フランチャイズ制の導入（店舗の場合） ●ソフトウェア開発のオープンソース化

（縦軸上：売上高の増大／縦軸下：コスト削減）

山田英夫著「ビジネスモデルのルール」（ダイヤモンド社）P.165 を参考に筆者が加筆修正

5 e ビジネスにおける「限界費用」と「取引費用」

　e ビジネスを考えるにあたっては、「限界費用」と「取引費用」が重要になります。「限界費用：Marginal Cost」とは、製品・サービスの生産量を一単位追加した場合の総費用の増加分を表します。通常の自動車産業であれば、クルマ一台を追加生産した場合は、材料費や加工組み立てのための人件費、配送費などが追加でかかりますが、映像・音楽のストリーミング・サービスなどの e ビジネスにおいては、このような限界費用はほぼゼロになります。例えば、ネットフリックス（Netflix）の会員 1 億人に対するサービス原価は、100 人分がプラスされた 1 億 100 人分のサービス原価とほとんど変わらないということです。原価が変わらずに売上が 100 人分上乗せされますので、利益は加速度的に積みあがり、会員数が増えれば増えるほど利益率は一気に上昇することになります。

　文明評論家のジェフリー・リフキン氏は「限界費用ゼロ社会」の中で、「IoT（Internet Of Things：筆者注）は効率性や生産性を極限まで

高め、追加でモノやサービスを生み出すコスト（限界費用）は限りなくゼロに近づく」*24 と述べていますが、製品・サービスがデジタルになると、追加の提供費用は限りなくゼロに近づきます。例えば、20世紀型のアナログカメラで撮影された写真は一枚一枚にフイルム代や現像代がかかりましたが、デジタルカメラやスマホで撮影された写真は何枚とっても費用はゼロです。このように、サイバー（デジタル）空間においては、一単位当たりのコストが限りなくゼロになっていきます。

　また、eビジネスにおいて注目されるのは「取引費用」が大きく低減されることです。「取引費用：Transaction Cost」とは、経済的な取引をする時に発生する費用のことで経済学的には様々な理論がありますが、平たく言えば、「取引相手を探す費用」「取引相手と交渉する費用」「相手との取り決めを行う費用」と定義することができます。インターネットを経由することによって、このような取引コストは大幅に低減されることになりました。インターネットを通じて世界中から取引相手を探すことができ、取引条件も迅速に交渉することができます。また、取引相手の信用情報もネットのレビュー評価などによって知ることができます。逆に言えば、eビジネスにおいては、取引費用を最小化できるビジネスモデルが競争優位を獲得することになりますが、これは第3部で詳述します。

⑥ ストック・ビジネスにおける「収入の流れ」と「コスト構造」

　本章の冒頭で、「収入の流れ」をフローとストックに分けましたが、継続取引を前提としたストック・ビジネスにおいては、これまでのように年間や四半期の期間損益（売上・原価・費用・利益）や、期間内における市場シェアだけで業績を判断することはできません。最近では、期間をまたがって1件や1人当たりの顧客に対する収益を測るユニットエ

コノミクスという考え方を取る企業が増えています。まずは、既に述べたように、「顧客ライフタイム・バリュー（LTV）」という考え方が重要です。そして、その顧客1件あたりにかかるコストである「顧客獲得コスト（CAC：Customer Acquisition Cost）」を算定して、LTVをCACで割ったのがユニットエコノミクス（顧客当たりの経済性）ということになります。CACがLTVを上回っては永久に期間損益も黒字になりません。通常は、LTVがCACの3倍以上あることが望ましいと言われますが、eビジネスの場合はネットワーク効果が働きますので、スタート当時よりも顧客数が多くなればユニットエコノミクスも向上してくることになります。

ユニットエコノミクス＝「顧客ライフタイム・バリュー (LTV)」÷「顧客獲得コスト (CAC)」

　サブスクリプション・サービスやソフトウェアのサービス契約（SaaSなど）の場合は、LTVやCAC以外にも「解約率（Churn Rate）」が最重要な指標になりますし、「最初の数ヶ月は無料」といったフリーミアム・サービス契約の場合は、「有料転換率（Conversion Rate）」も重要になります。したがって、月次で、解約率や有料転換率をモニターしながら、期間損益としてはARR（Annual Recurring Revenue：期間継続収入）の増減を見ていくといった管理が求められます。複数年にわたるサービス契約の場合には、自動契約更新なのかどうか、解約違約金などを課すかどうか、顧客からの解約申請時に猶予期間（Grace Period：グレース・ピリオド）を設けるのか、といった条件によって解約率が変わってきます。このような取り決めのない「いつでも入会できて、いつでも解約できます」といった契約の場合は、解約率の動向について細心の注意が必要ですし、将来の収入やコストを予測する時も、解約率や有料転換率についての条件設定をデータに基づいて行わなければなりません。また、一顧客当たりの平均の契約（顧客滞在）月数も重要な指標に

なります。この平均契約月数は、財務会計上、サービスを提供するために購入した設備などの減価償却期間にも適用されるケースも多いので、常にモニターしていくことが必要です。

　B2Bの法人相手の大口のサービス契約の場合には、一顧客当たりのLTVやCACだけでなく、一契約当たりの複数年数にまたがった総売上（Total Life-Time Revenue）と総コスト（Total Life-Time Cost）の把握も必要です。特に、大きいプロジェクト契約などに応札する場合は、総コストの算定を厳密にやらないと入札価格を決めることができません。このように継続的なストック・ビジネスの場合は、ワンタイム収入が中心のフロー・ビジネスとは違った形で、より長期的に「収入の流れ」と「コスト構造」を考えていくことが必要です。

第 2 部 注

1. マーク・ジョンソン、クレイトン・クリステンセン、ヘニング・カガーマン (2009)「Reinvesting Your Business Model：邦題（ビジネスモデル・イノベーションの原則）」DIAMOND　ハーバード・ビジネス・レビュー 2009 年 4 月号

2. アレックス・オスターワルダー＆イヴ・ピニュール、小山龍介訳 (2012)「ビジネスモデル・ジェネレーション　ビジネスモデル設計書」SHOEISHA

3. Zott C. & Amit R. (2020), Business Model Innovation Strategy, Wiley, P.16

4. 井上達彦著 (2012)「模倣の経営学　偉大なる会社はマネから始まる」日経 BP、P.16

5. 川上昌直著 (2016)「そのビジネスから『儲け』を生み出す 9 つ（ナインセル）の質問」日経 BP

6. 根来龍之、富樫佳織、足代訓史 (2020)「この一冊で全部わかる　ビジネスモデル　基本・成功パターン・作り方が一気に学べる」SB クリエイティブ

7. 小山龍介著 (2020)「メースメソッド MBA 実況中継 03　ビジネスモデル」ディスカヴァー・トゥエンティワン、P.77

8. マーク・ジョンソン著、池村千秋訳 (2011)「ホワイトスペース戦略　ビジネスモデルの〈空白〉を狙え」阪急コミュニケーションズ、P.54

9. アレックス・オスターワルダー、イヴ・ピニュール、グレッグ・バーナーダ、アラン・スミス著、関美和訳 (2015)「Value Proposition Design：バリュー・プロポジション・デザイン」SHOEISHA、PP.94-95

10. マーク・ジョンソン著、池村千秋訳 (2011)「ホワイトスペース戦略　ビジネスモデルの〈空白〉を狙え」阪急コミュニケーションズ、P.123

11. ジョアン・マグレッタ著、櫻井祐子訳 (2012 年)「エッシェンシャル版　マイケル・ポーターの競争戦略」早川書房、P.256

12. クレイトン・クリステンセン、タディ・ホール、カレン・ディロン、デイビット・ダンカン著、依田光江訳 (2017 年)「ジョブ理論　イノベーションを予測可能にする消費のメカニズム」ハーパーコリンズ

13. アレックス・オスターワルダー、イヴ・ピニュール、グレッグ・バーナーダ、アラン・スミス著、関美和訳 (2015 年)「Value Proposition Design：バリュー・プロポジション・デザイン」SHOEISHA、PP.122-123

14. ピーター・ティール著、瀧本哲史序文・関美和訳 (2014 年)「ZERO TO ONE ゼロ・トゥ・ワン　君はゼロから何を生み出せるか」NHK 出版、PP.175-180

15. コカ・コーラ ボトラーズジャパンホールディングス株式会社 第63期事業年度有価証券報告書

16. フレデリック・ライクヘルド著、伊藤良二&山下浩昭訳（1998年）「顧客ロイヤルティのマネジメント―価値創造の成長サイクルを実現する」ダイヤモンド社

17. マイケル・ポーター著、土岐坤訳（1985年）「競争優位の戦略―いかに高業績を持続させるか」ダイヤモンド社

18. 野中郁次郎&竹内弘高著、梅本勝博訳（1996年）「The Knowledge Creating Company：知識創造企業」東洋経済新報社

19. ジェイ・バーニー著、岡田正大訳（2003年）「企業戦略論【上】基本編 競争優位の構築と持続」ダイヤモンド社

20. ゲイリー・ハメル&C・K・プラハード著、一條和生訳（1995年）「コア・コンピタンス経営」日本経済新聞社

21. アレックス・オスターワルダー&イヴ・ピニュール著、小山龍介訳（2012）「ビジネスモデル・ジェネレーション ビジネスモデル設計書」SHOEISHA、P.39

22. ハーマン・サイモン著、上田隆穂監訳・渡部典子訳（2016年）「価格の掟：Confessions of the Pricing Man」中央経済社、P.120

23. リバース・オークションとは、供給業者がより低い価格を提示して受注を競うオークションとは逆の方式。

24. ジェレミー・リフキン著、柴田裕之訳（2015年）「限界費用ゼロ社会〈モノのイノターネット〉と共有型経済の台頭」NHK出版

第3部
ビジネスモデルの変遷

未来を予測する最善の方法は、それを発明することだ。

アラン・ケイ

第 7 章

ICT 産業におけるビジネス
モデルの変遷

コロナ禍で社会のデジタル化が進展し、2 年分の変化が 2 ヶ月で起きました。
コロナ禍において、世界の人々の思考や行動が変わってきています。

サティア・ナデラ

　　第 3 部では、ICT 産業、流通・小売産業、製造業というように、産業別のビジネスモデルの変遷を振り返りながら、「ビジネスモデルの定石」について考えていきます。オスターワルダー＆ピニュールは、「ビジネスモデル・ジェネレーション」の中で、アンバンドルビジネスモデル、ロングテール、マルチサイドプラットフォーム、フリー・ビジネスモデル、オープンビジネスモデル、といった 5 つのビジネスモデルを紹介していますが、本書では、これらにいくつか加えた「ビジネスモデルの定石」を、産業別のビジネスモデルの変遷という文脈の中で取り上げていきます。

　　GAFAM や BAT と呼ばれる米中の巨大 ICT 企業は、流通・小売や製造、金融といった従来の産業の括りをとっくに超えていますが、本書では、ICT がいかに主要産業のビジネスモデルの変遷に影響を与えているかを考えるために、あえて産業別に論じていきます。それでは、まず、各産業の変革の原動力になっている ICT 産業から進めていきます。

1 ICT 産業における B2B ビジネスモデル

OECD では、ICT 産業を「ソフトウェア、インターネット、半導体、電気通信サービス、通信機器、エレクトロニクス、IT サービス、IT 機器・システム」と定義しています。ICT という言葉通り、I（Information）は情報であり、C（Communication）は通信、T（Technology）は情報通信を促進する技術、ということになります。したがって、ICT 産業の発展は、大きく情報処理をするコンピュータの進歩と、情報をつなぐ通信技術の進歩ということで捉えることができます。そして、20 世紀から 21 世紀にかけて、トランジスタからマイクロチップに移った半導体の指数関数的な性能の向上や、移動体通信網の発展、データ送受信のブレークスルーを実現したパケット交換方式の発明、PC の大衆化を加速したインターネットの登場などによって ICT 産業は一気に開花します。

コンピュータは、創成期には自動計算機として開発されました。1945 年に開発された ENIAC[*1] は、真空管を 18,800 本使い、大きさは 30 メートル、重さは 30 トンという巨大な計算機で、弾道の数値計算をするという軍需目的で使用されました。その後、IBM が巨額の研究開発費を投入し、1964 年に「IBM 360」を市場導入し、メインフレーム・コンピュータ（大型汎用コンピュータ）の時代となりました。「360」には、研究開発や経理、顧客データベースの構築など様々な分野に 360 度全方位で使えるコンピュータという意味合いが含まれています。しかし、製品コストが高く、軍需以外の民間企業では使えるユーザーが大企業に限られていました。そのため、ビジネスモデルとしては、徹底的に訓練された直販セールスによるコンプレックス・セールス[*2] を展開し、初期導入費用を抑えるためにレンタル制を導入する、というものでした。その後、IBM 互換機やミニ・コンピュータの登場などにより、様々なプレイヤーが市場に参入しますが、コンピュータはダウンサイジ

ング（小型化）するものの、1970 年代までは主要顧客は法人で B2B ビジネスが中心でした。まだまだ、一部のマニアを除いて、個人消費者がコンピュータの恩恵にあずかることはありませんでした。

　その後、B2B におけるコンピュータの利用は、ハードウェアやソフトウェアをシステム・インテグレーターなどが構築していく「オン・プレミス（自家所有）」という形態が中心でしたが、21 世紀に入り、コンピュータ・インフラやソフトウェアを必要に応じてシェアリングする「クラウド・コンピューティング（クラウド・サービス）」が登場します。クラウド・サービスという言葉は、ICT 業界ではシステム構成図においてネットワークの向こう側を雲（Cloud）マークで表す習慣があったことから、グーグル元 CEO のエリック・シュミットが使いだした言葉です。クラウド・コンピューティングは「従来まで企業内で所有・管理していたコンピュータ資源をインターネット経由で、サービスの形で必要に応じて（オン・デマンドで）利用する」と定義されます。クラウド・サービスには、主にスケジュール管理や財務管理などのアプリケーション・ソフトウェアを使用に応じてサービス化した SaaS（Software as a Service）、OS やデータベース、開発ツール、実行に必要なライブラリなどをサービスとして提供する PaaS（Platform as a Service）、サーバーやストレージなどのハードウェアの機能や性能をサービスとして提供する IaaS（Infrastructure as a Service）があります。これは、「As a Service（アズ・ア・サービス）」と言われるビジネスモデルですが、B2B のコンピュータ・ビジネスでは、ハードウェアやソフトウェアの物販というフロー・ビジネスから、サービスを中心としたストック・ビジネスに急速に移行しつつあります。21 世紀に入り、コンピュータ資源も、電気・ガス・水道と同じように定額・定量で必要に応じて利用できるようになったのです。ICT 産業の B2B ビジネスは、レンタル制というストック・ビジネスで始まり、オン・プレミスという自家所有のフロー型のビジネスモデルを経て、クラウド・サービスとい

うストック・ビジネスに戻ってきたのです。

　また、世界のクラウド・サービス市場では、アマゾンの AWS、マイクロソフトの Azure、グーグルの GCP（Google Cloud Platform）が市場シェアの上位を占めていますが、この 3 社はいずれもサーバーなどのハードウェア・メーカーではありません。クラウド・サービスは、一種のシェアリング・サービスですので、これを促進することは、ハードウェアが売れなくなっていくことを意味します。この後のサービス化のところでも述べますが、物販からサービスにビジネスモデルが変わる際に、従来のハードウェア・メーカーは、メーカーとしてのドミナント・ロジックの払拭に苦労することになります。

② PC やインターネットの登場による B2C ビジネスの飛躍的拡大

　ICT 産業における B2C ビジネスは、PC やインターネットの登場を待つことになります。PC については、1945 年にヴァネバー・ブッシュという研究者が MEMEX [*3] という PC の始祖となる概念を発表しました。その後、ダグラス・エンゲルハートという発明家がブッシュ論文を実現すべく NLS（ON-LINE System）を開発します。この NLS は、「コンピュータは計算機の延長」というそれまでの考え方を打ち破りました。後に述べる GUI（グラフィカル・ユーザー・インターフェース）やマウス、情報検索を可能にするハイパーテキストという機能がついたもので、1968 年 12 月にコンピュータ関連の研究者会議でデモンストレーションが行われ大きな反響を呼びました。

　1970 年代に入り、半導体技術の飛躍的な進歩で、インテル社によってマイクロ・プロセッシング・ユニット（MPU）が開発され、これが PC の開発に弾みをつけます。インテル社の設立者の一人であるゴードン・ムーアは、「マイコン・チップの性能は 18 ヶ月ごとに 2 倍になる」

という有名なムーアの法則を唱えましたが、この後これが半導体業界の鉄則になります。MPU の登場によって、様々な工作マニアによって PC の試作品が作られ、その中でも、エド・ロバーツが開発した「アルテア 8800」は、キーボードやモニターがなく入力は筐体前面にある 16 個のスイッチで行うという不完全なものでしたが、完成品の価格が 498 ドルだったこともあり、1975 年の発売以来数週間で、電子工作マニアを中心として約 4,000 台売れたと言われています。

一方で 1970 年代にゼロックス・パロアルト研究所（PARC）にいたアラン・ケイは、エンゲルハートのデモンストレーションをさらに発展させて ALTO（アルト）というコードネームの PC の原型を作ります。これは高解像度モニターにキーボードやマウスがついた画期的なユーザーインターフェイス機能があり 1,500 台ほど試作されました。しかし、第 4 部で詳しく述べますが、残念なことに、この PC が量産化されることはありませんでした。

このように 1970 年代の黎明期を経て、PC において最初に大きな成功を収めたのは IBM PC でした。これも第 4 部で取り上げますのでここでは詳しく述べませんが、メインフレーム市場の覇者だった IBM は、コンピュータのダウンサイジング（小型化）に対応するためにも、PC の開発を急ぎ 1981 年に IBM PC（IBM 5150）を発売しました。これは、1985 年までの 4 年間で 100 万台が販売され大ヒットします。しかし、IBM は PC の開発を早期化するために OS（オペレーティング・システム）開発を当時はまだ弱小企業だったマイクロソフトに委託します。マイクロソフトは他の OS 会社を買収し、この OS を IBM PC 用に改良して PC-DOS を作りました。そして、PC においてもメインフレーム同様、他のコンピュータ・メーカーは IBM 互換機を作りましたが、マイクロソフトは、互換機メーカーには、MS-DOS として IBM よりも高い価格で提供し、同社発展の礎を作りました。その後、同社は、GUI を搭載した Windows 1.0 を市場導入し、MPU を提供するインテルとともにウィンテル（Wintel）として、更に大きく発展していくことになり

ます。これによって、PC の付加価値の源泉がハードウェア本体から
OS（オペレーティング・システム）や MPU に移ることになります。

　PC の登場とともにコンピュータの個人利用を促したのが、インター
ネットの普及です。人と人をつなぐ通信手段は、電報から電話と発展し
てきますが、データのデジタル化によってパケット交換方式[*4] が可能
になり、これが情報のネットワーク化を一気に加速させました。1969
年に、ARPA（米国高等研究計画局）によってインターネットの源流と
いわれえる ARPANET（アーパネット）が米国内の大学に広がり、そ
の後、コンピュータ同士を通信回線で接続するためのプロトコル（通信
手段）やワールド・ワイド・ウェブ（www）が誕生しました。1990 年
代に入ると日本でも、エンドユーザーに公衆回線を介してインターネッ
トへの接続サービスを行う ISP（インターネット・サービス・プロバイ
ダー）が登場し、ウェブ・ブラウザが搭載されている Windows 95 が発
売されたことで、PC によるインターネット利用が一気に広がりました。

　また、インターネットに接続できる端末デバイスも大きく進化し、移
動通信を可能にする通信網の性能向上（1G から 5G へ）などにより、
現在のスマートフォンやタブレット端末、さらにはウェアラブル端末な
どが続々と登場します。これらによって、コンピュータの個人使用が加
速されることになります。

　このような B2C ビジネスの広がりを可能にしているのが、ICT 資源
の取得・利用コストの驚異的な低減です。数十年前だったら大学の中教
室くらいの部屋を占有していた数億円以上のスーパーコンピュータが、
今では個人が携帯するスマートフォンの中に収まっています。また、
様々な ICT デバイスに搭載されているセンサーの大きさは 1,000 万の 1
に縮小し、価格も 100 万の 1 に下がっています。既に述べたように 1 枚
1 枚の写真の値段もデジタル化によって無料になり、インターネット上
のウェブ・サイトもすべて無料で閲覧することができ、インターネット
自体も接続料はあるかもしれませんが使用料を取られることはありませ

ん。また、インターネットを介したeメールの送受信もすべて無料で、郵便のように切手代を負担することはありません。ICT産業のB2Cビジネスでは、このような資源の低コスト化や無償化によって、この後述べるような様々なビジネスモデルが生み出されることになります。**（図表 3-1）（図表 3-2）**

図表 3-1 ICT産業の大ブレイク・ポイント

1964年	1985年	1995年	2004年	2007年	2010年	2045年？
メインフレーム元年	パソコン元年	インターネット元年	SNS元年	スマホ元年	AI元年	シンギュラリティ？
✓IBMが360シリーズを市場導入	✓Windowsの発売開始によりPCが普及	✓Windows95の発売により急速に普及	✓Facebookが事業を開始。ユーザー数急増	✓iPhoneの発売	✓第3次AIブームが開始	✓コンピュータが人間を超える？

筆者作成

図表 3-2 コンピュータ業界におけるビジネスモデルの変遷

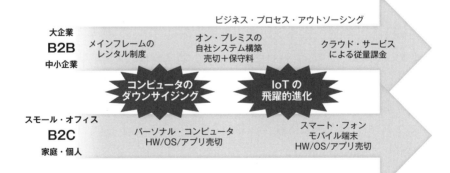

筆者作成

❸「ホール・プロダクト（Whole Product）」という ビジネスモデル

ICT 産業を説明する概念の一つに、セオドア・レビットが唱えた「ホール・プロダクト（Whole Product）」があります。レビットは、1960 年代に、顧客の期待に応えるために自社製品だけでなく補助製品や補完サービスを段階的に整えていく「ホール・プロダクト」という概念を提唱しました。一番核心になる「コアプロダクト」とは企業が提供する製品・サービスそのもの、「期待プロダクト」とは顧客が製品購入時に「こうあるはず」と期待している機能を有する製品・サービス群、「拡張プロダクト」とは補完製品・サービスを豊富に用意し顧客がその製品を購入した目的を最大限満たすための製品・サービス群、そして、「理想プロダクト」が顧客の理想を完全に実現したもので製品・サービス群（これはなかなか実現が難しい）、ということになります。**（図表 3-3）** ICT 企業が「主要パートナー」を考えていく上では、今でも「ホール・プロダクト」概念は参考になります。

図表 3-3 セオドア・レビットのホール・プロダクト

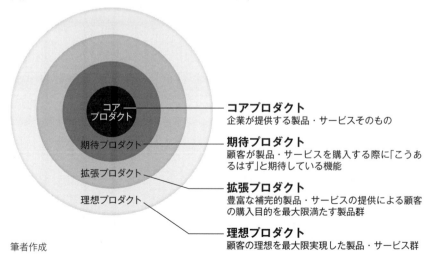

コアプロダクト
企業が提供する製品・サービスそのもの

期待プロダクト
顧客が製品・サービスを購入する際に「こうあるはず」と期待している機能

拡張プロダクト
豊富な補完的製品・サービスの提供による顧客の購入目的を最大限満たす製品群

理想プロダクト
顧客の理想を最大限実現した製品・サービス群

筆者作成

　「ホール・プロダクト」の代表的な例としてよく挙げられるのが、アップル社による iPod、iPhone です。2001 年にアップル社は、iPod という「コアプロダクト」を市場導入しました。これだけでは、単なる MP3 プレイヤーということになりますが、アップル社はそれと同時に iTunes というデジタルオーディオライブラリーを導入して「期待プロダクト」の機能を満たします。当時の音楽コンテンツ業界がナップスター（Napster）を使った無料（違法）ダウンロードに苦しんでいたこともあり、音楽業界の協力によりダウンロード料金を取れる iTunes でダウンロードできる楽曲は一気に広がります。更に、当初は Mac OS でしか作動しなかった iTunes を Windows にも対応できるようにして、iTunes Music Store という音楽・テレビ番組・映画のオンラインショップ機能などを加えていき「拡張プロダクト」として完成されていきます。そして、この iPod にインターネットアクセス機能を付けて、指先で操作できるタッチ操作機能をつけて 2007 年に発売されたのが iPhone です。iPhone は、App Store において様々なアプリを購入することができますが、それ以上に重要なことは、App Store では iPhone 用のアプリを開発した人がそのアプリを登録して販売できるオンラインショップだということです。これによってアプリが飛躍的に増えて、発売後 1 年半でのべ 30 億本ものアプリがダウンロードされたといわれています。このように、iPod と iPhone は、発売以来ユーザーの便益が同心円のように広がり「理想プロダクト」に近づきつつあるのです。ちなみに、アップル社によると、2020 年には App Store を通じて提供された商品・サービス・売上が 6,430 億ドル（約 70 兆円）に達したとのことで、凄まじいまでの経済効果となっています[*5]。

　ICT 産業（ハイテク製品）におけるビジネスモデルを考える際は、ホール・プロダクトの考え方は重要で、ソフトウェアにおいては「オープンソース」という開発手法が広く普及しています。「オープンソース」とは、プログラムのソースコードを公開して自由に改変を認めるもので、グーグルが開発した Android はスマホやタブレット端末などに搭

載される OS（オペレーティング・システム）ですが、これをオープン
ソースにすることによって、様々な人がアプリを作成することができる
ようになり、ユーザーの利便性が上がり、モバイル端末における OS
シェアを一気に伸ばしました。同様に、グーグルは、TensorFlow とい
う AI（人工知能）の OS もオープンソースにしています。同社グルー
プ（アルファベット社）では、自動運転技術の開発も世界をリードして
いますが、これによって AI の活用も様々な分野に一気に広がっていく
ことが期待されます。また、オープンソースではないですが、API（Ap-
plication Programing Interface）という形で、ソフトウェアの機能を公
開することによりに他のソフトウェアでも公開された機能が使えるよう
になります。フェイスブックや LINE、YouTube などの SNS は API を
公開しており、これを利用した様々なゲーム・アプリなどが開発され、
ユーザーの拡張性が一気に高まっています。これらの考え方は、ソフト
ウェアや SNS という製品・サービスをホール・プロダクトとして捉え
た事例で、ICT 業界で多用されるビジネスモデルだと言えます。

4 「マルチサイドプラットフォーム」という ビジネスモデルの飛躍的な広がり

　インターネットやクラウド・コンピューティング、そしてスマホのよ
うなモバイル端末などの発達によって、加速度的に広まりだしたのが
「マルチサイドプラットフォーム」というビジネスモデルです。マルチサ
イドプラットフォームは、「複数の顧客グループをつなぎあわせるもの
で、プラットフォーム上にほかの顧客グループが同時に存在する場合に
のみ価値が生まれ、ユーザーを獲得すればするほど価値が高まってい
く」（オスターワルダー＆ピニュール）*6 と定義されています。マルチサ
イドプラットフォームは、例えば、クレジットカード会社のように複数
の小売店と複数のカード所有者である買い物客をつなぎあわせるもの、

ショッピングモールのように複数の出店者と買い物客をつなぎあわせる
もの等が従来からありますが、インターネットの介在によって、地域や
時間を超えてより多くのユーザーをつなぎ合わせることができるように
なりました。この後出てくる GAFAM や BAT は典型的なプラット
フォーマーですが、EC だけを見ても、個人間をつなぐ C2C（P2P）ビ
ジネスの eBay やメルカリ、電子ショッピングモールとして出店者と
ネットユーザーをつなげる B2C ビジネスのアマゾン・マーケット・プレ
イスや楽天市場、企業と企業をつなげる B2B ビジネスのアリババ・ドッ
トコムやアマゾン・ビジネスなど、様々なビジネスモデルがあります。

　また、マルチサイドプラットフォームにより、「シェアリング・エコ
ノミー」という新たな経済領域が開拓されました。2015 年に設立され
た一般社団法人シェアリング・エコノミー協会は、「シェアリング・エ
コノミーとは、インターネットを介して個人と個人の間で使っていない
モノ・場所・技能などを貸し借りするサービス」と定義しています。
シェアリング・サービスには次のような種類があります。

① 空間のシェア

　空きスペースをシェアするプラットフォームで、空き部屋と宿泊者
をつなげるエアビーアンドビー（Airbnb）は 2008 年に創業された
新興企業ですが、2019 年 3 月時点で利用者は 5 億人を超え、世界
192 ヵ国 81,000 以上の都市にわたる登録施設数は 600 万を超えてお
り、6 大ホテルチェーンの合計部屋数よりも多くなっています。こ
れ以外でも、空きスペースでオフィス空間を提供するウィーワーク
（WeWork）や、日本でも廃校や古民家なども対象にしたスペース
マーケット（SPACEMARKET）があります。空きスペースを駐車
場として利用する P2P パーキング・サービスも徐々に普及してお
り、米国ではスポット（Spot）やパークジーン（Parkgene）、日本
でもアキッパ（akkipa）といった個人間（P2P）プラットフォーム
があります。

② 移動のシェア

個人間で空いている自家用車をシェアするだけでなく、移動したい人とドライバーをつなげる「ライドシェア」も「移動のシェア」の一類型です。2009 年に創業されたウーバー（Uber）、中国の滴滴出行（DiDi）、シンガポールのグラブ（Grab）、インドネシアのゴジェック（Gojek）など、既に日本以外の主要国では生活の必需品になっています。レンタカー会社が提供するカー・シェアは従来からあるレンタカーの一類型ですが、これも広義の「移動のシェア」ということになります。また、日本でも個人間（P2P）のクルマの貸し借りをするカフォレ（CaFoRe）や中長距離の移動を仲介するノッテコ（notteko）などが出てきています。

③ スキル（技能）のシェア

「スキルのシェア」は、個人の空いている時間や能力・スキルを有効に使うためのプラットフォームです。最近では、会社組織に所属しない専門的知識を持ったフリーランサーや、空いている隙間時間で可能な仕事をするギグ・ワーカーが増えており、「スキルのシェア」の供給側の事情は大きく変化しています。これに応えるのが、クラウド・ソーシングで、ウェブ制作や翻訳作業、プレゼン資料作成のようなある程度まとまったジョブを依頼することができます。米国のアップワーク（upwork）、日本でもクラウドワークス（Crowd Works）やランサーズ（Lancers）など有力なプラットフォーマーが出てきています。日本企業でも次第に副業が解禁されるようになり、今後マッチング・ニーズが益々大きくなることが期待されます。また、育児や家事のサポートをする「子育てシェア」のアズママ（AsMama）など、子育てしながら働く夫婦を応援するプラットフォームもあります。

④ モノのシェア

メルカリは個人間のモノの売買を仲介するプラットフォームですが、「モノのシェア」は、個人間のモノの貸し借りを仲介するプ

ラットフォームです。個人が使っていないモノを有効活用できると
いう意味で意義のあるものですが、貸し借りするモノを運ぶ配送コ
ストの関係で、賃貸されるモノや地域が制限される可能性はありま
す。この応用形として出てきているのが、洋服や高級バックなどの
シェアリング・サービスです。スタイリストがコーディネートした
洋服が借り放題のエアー・クローゼット（airCloset）や、月額
7,480円（税込）で高級バック借り放題のラクサス（Laxus）など
があります。ラクサスは、借り放題と同時に顧客が所有している高
級バックを貸し出すこともできる複合シェアリング・サービスに
なっています。

⑤　お金のシェア

個人から預金を集め、それを企業に融資する「銀行業」は従来から
の「お金のシェア」のプラットフォームだと言えますが、2010年
代以降、クラウド・ファンディングという新たなプラットフォーム
が注目を浴びています。クラウド・ファンディングには、①寄付
型、②購入型、③融資型（ソーシャルレンディング）、④ファンド
投資型、⑤株式投資型、などがあります。米国のキックスターター
（Kickstarter）は、スタートアップ企業への投資で有名で、ペブ
ル・タイム（Pebble Time）というスマートウォッチのベンチャー
企業への2,000万ドルの投資などを行っています。日本でも、様々
な用途の資金集めに使われるようになっており、マクアケ
（Makuake）は、3,374人の支援者から3,912万円を集めて映画「こ
の世界の片隅に」を支援しました。ちなみに、映画への支援のリ
ターンは映画のエンドロールに名前を入れるというユニークなもの
でした。また、コロナ禍での東京都の時短命令は不当だとして提訴
したグローバルダイニングは、時間短縮命令を受けた飲食店を代表
するという主旨でCALL4という公共訴訟用クラウド・ファンディ
ングを利用しています。グローバルダイニングによると、1,000万

円という目標（訴訟費用）は一日で達成し、CALL4 史上過去最大の寄付額が集まったということです。CALL4 は、これ以外にも同性婚をめぐる訴訟費用などもサポートしており、「共感が社会を変える」をキャッチフレーズにした新しい用途のクラウド・ファンディングを目指しています。

IT 批評家の尾原和啓氏は、シェアリング・サービスを「オン・デマンド型」「P2P 型」と「効率型」「共感・交流型」[*7]の 2 つの軸で分け 4 象限で類型化しています。筆者は、特に「オン・デマンド型」「P2P 型」という類型化は非常にわかりやすいと思います。同氏は、貸し手がそれ専用に保有しているものを借り手の要望に応じて貸し出すのを「オン・デマンド型」、余ったものをユーザー同士で分け合う「P2P（ピア・トゥ・ピア）型」と類型化しています。平たく言えば、「オン・デマンド型」は専業（プロ）のオンデマンド・レンタル、「P2P 型」がアマチュア同士のモノの貸し借り、ということになります。

そして、もう一つの軸である「効率を追求」したのが、「アイドル・エコノミー」ということになります。大前研一氏は、著書「『7 割経済』で勝つ新デジタルシフト」（プレジデント社）の中で、アイドル・エコノミーを「『所有から利用』『所有コストの低減』で考えるシェアリング・エコノミーに対し、『アイドル状態（遊休状態：筆者注）にあるもの』『固定費に対する限界利益の最大化』から考えるのがアイドル・エコノミーだ」[*8]と述べています。同書では、熊本市に本社があるシタテル株式会社（sitateru）の事例が紹介されています。シタテルは、縫製工場の「空き時間」と縫製需要をマッチングするプラットフォームで、1,000 以上の縫製工場のデータベースを整備し、さらにデザイナーやパタンナー、生地メーカー、素材メーカー、2 次加工業者、物流業者までもネットワーク化して多品種少量生産を実現しています。まさに、「空いているもの、アイドル（遊休）状態にあるものから大きな価値を生み

出す」ビジネスモデルになります。

　印刷業界で、同じようなビジネスモデルで価値を出しているのがラクスルです。ラクスルも様々な印刷工場をネットワーク化し、ラクスルが取ってきたエンドユーザーからの注文を、その時に印刷機の稼働状況が低い工場に、印刷を委託することになります。この後、オープン・サービス・イノベーションのところでも述べますが、印刷機の稼働率も意外と高くありません。筆者もオン・デマンド印刷機の販売を指揮していたこともあるのでよくわかりますが、印刷会社の収益性はいかに高額の印刷機の稼働率を上げるかにかかっているわけです。したがって、オフ・ピーク時の印刷機の稼働率を上げることによって受託する印刷工場も、印刷業務を委託するラクスルもウィン・ウィンの関係を築くことができます。

　日本は少子高齢化が進み、既に人口減少時代が来ていますが、今後、ピーク時の人口1億2,800万人（2008年）に必要だった様々な社会資源が急速に余るようになっていきます。既に、日本各地における「空き家」は社会問題化していますし、地方に行けば廃校になった学校の跡地や所有者不明の土地がどんどん増えています。2017年に出された「所有者不明土地問題研究会の報告書」は、2016年時点で既に九州よりも広い410万ヘクタールの土地の所有者が不明の状態で、2040年には北海道の約9割に匹敵する720万ヘクタールの土地が所有者不明になると予測しています。そして、空き家や所有者不明土地だけでなく、今まで様々な場所に設置されてきた銀行ATMや、個人が複数持っている銀行口座やクレジットカード、様々な販促のためのポイントカードなどは、オーバーサーブド（過剰サービス）の状態になり、急速に余っていくことが予想されます。このような日本の特殊な社会事情を考えると、「余っている、あるいは遊休状態にあるものを有効活用して、そこから付加価値を創造する」という発想は非常に重要になります。

5 「アンバンドリング」という破壊型のビジネスモデル

バンドリング（bundling）とは「（バラバラなものを一つの）束にする」という意味ですが、アンバンドリング（unbundling）とは、「一体的に提供されていた製品やサービスを機能などにより分解して（unbundle）、顧客の必要な部分のみを提供していく」というビジネスモデルです。ICT業界では、1960年代から1970年代にかけて、IBMが自社のメインフレーム・コンピュータをハードウェアとOSなどのソフトウェアに切り分けて（アンバンドルして）販売していこうという戦略を取ったことに由来しています。その後も、コンピュータに関するハードウェア、ソフトウェア、補完製品・サービスなどをバンドリングしたり、アンバンドリングしたりというようにビジネスモデルが変遷しています。

キム＆モボルニュの「ブルーオーシャン戦略」については、非顧客層の3グループやERRCグリッドの考え方を紹介しましたが、ERRCグリッドを考えるためには、その製品・サービスを機能などによってアンバンドルして、何を削って何を強化したり付け加えたりするかを検討する必要があります。そのために用いるのが「戦略キャンバス」というツールです。**図表3-4**はカーブス（Curves）の戦略キャンバスを描いたものですが、従来型のスポーツ・ジムの仕事を要素ごとにアンバンドルし、どの要素を削ってどの要素を強化していくかを見えるようになっています。言い換えれば、「戦略キャンバス」はアンバンドルした各要素を「見える化」するためのツールだと言えます。

そして、究極のアンバンドリング・ビジネスモデルがFinTech（フィンテック）です。FinTechはFinanceとTechnologyの合成語です。フィンテックの本質は、従来まで大手金融グループが独占してきた「預金」「審査」「融資」「送金」「決済」「投資」「資産管理」「保険」といった金融サービスを、ICTによってバラバラにアンバンドルし、新興ICT企業がエッジのきいたサービスを提供して銀行・証券・保険機

図表 3-4 カーブス（Curves）の戦略キャンバス

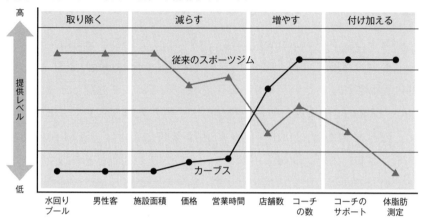

出所：チャン・キム＆レネ・モボルニュ著「新版ブルーオーシャン戦略」（ダイヤモンド社）P.111
をもとに ERRC の視点を入れて筆者が加筆修正

能などを代替していくというビジネスモデルです。フィンテックの背景
には、供給サイドでは、スマホや AI、ビッグデータ、5G などの ICT
の画期的な発展、ブロックチェーン*9 などの分散型テクノロジーの進
化、SNS に代表されるような P2P 型のユーザー発信型の情報ネット
ワークの普及などがあります。また、需要サイドでは、世界では銀行口
座を持っていない「金融難民」が 17 億人もおり、先進国の米国でさえ
クレジットスコアを得られない成人が 4,500 万人もいる、そして、
ニュージェネレーションのミレニアム世代はスマホが中心で銀行離れが
進んでいる、といった背景があります。

　既に紹介したクラウド・ファンディングもバラバラにした銀行機能の
うち「お金の融資」に焦点をあてたビジネスモデルですし、PayPay や
Alipay といったキャッシュレス決済も「決済」機能に焦点をあてたも
のです。アフリカ諸国では銀行口座を持たない人がほとんどですが、米
国のスタートアップ企業が運営する m-pesa（エムペサ）というモバイ
ル送金サービスが広く普及しています。日本でも、投資の運用に的を
絞ったロボット・アドバイザーのウェルスナビ（WealthNavi）、自動家

計簿・資産管理サービスのマネーフォワード ME など、非常にエッジの効いたサービスが展開されています。

　また、金融業界だけでなく、レストランなどの飲食店業界でもアンバンドルによって生き残りを図っています。2010 年代に入り、欧米を中心にフードデリバリーサービスを前提にして店舗を持たない「バーチャル・レストラン」「ゴースト・レストラン」「クラウドキッチン」といった新たなビジネスモデルが展開されています。例えば、2013 年に米国ニューヨークで創業されたグリーン・サミット・グループ（Green Summit Group）は、Fish Poke Bar といった 9 種類のレストラン・ブランドを展開していますが、店舗を持たず、約 400 人が働く厨房施設で全ての調理が行われています。これなどは、従来の飲食店の活動要素をアンバンドルし、店舗、接客といった要素を削ぎ落し、調理に特化した新たなビジネスモデルだと言えます。**（図表 3-5）** 日本においても、日本経済新聞 2020 年 6 月 21 日号では、飲食スタートアップの WORLD が 2020 年 5 月に始めた「&（アンド）キッチン」の事例を紹介しています。この記事では、コロナ禍の中で、店舗家賃やホール用社員にかかる固定費を賄えず廃業に追い込まれる店舗が多い中で、このクラウドキッチン・サービスへのプロの料理人の申し込みが増えており、それにともなって厨房施設も増える見込みだと報じています。このビジネスモデルは、従来からの言い方をすれば

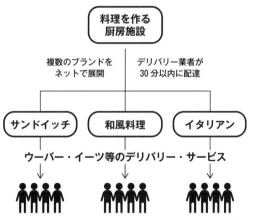

図表 3-5 飲食店の新しいビジネスモデル

バーチャル・レストランの構造
Green Summit Group の事例

料理を作る
厨房施設

複数のブランドを
ネットで展開　　　　デリバリー業者が
　　　　　　　　　　30 分以内に配達

サンドイッチ　　和風料理　　イタリアン

ウーバー・イーツ等のデリバリー・サービス

出所：https://www.jnews.com/mem/back をもとに筆者作成

「出前」ということになりますが、フードデリバリーを前提にすれば提供されるメニューの品質は格段に上がるはずです。「家庭（自宅）でプロの料理を味わいたい」という顧客のジョブは十分に満足させることができます。このように、スターアップ企業がエッジの効いたサービスを展開したい場合や、従来型の産業でも不必要な機能を落としてコストを削減したい場合でも、アンバンドリングは非常に破壊力のあるビジネスモデルとなります。

6 デジタル化が可能にする「ロングテール」ビジネスモデル

　次に、ネットユーザー獲得のために代表的な2つのビジネスモデルの定石を紹介します。既に述べたように、ICT産業においてはネットワーク効果の獲得のために、一刻も早く一人でも多くのネットユーザーを獲得するために「ロングテール」「フリー」といったビジネスモデルを採用しています。これらのビジネスモデルは、名付け親はともに第1部で紹介したクリス・アンダーソンです。

　まずは、ロングテール・ビジネスモデルです。これは、多くのものを少しずつ販売するモデルで、あまり頻繁に売れないニッチ商品を数多く提供するので、まるで恐竜の尻尾のように商品点数が伸びています。**（図表3-6）** これまでの店舗経営では、売場面積を効率的に利用するために売れ行きの良いヒット商品を揃えていくのがビジネスの常識だったのですが、インターネットを利用したオンライン店舗の場合は、年に1回か2回しか注文が来ないニッチ商品を取り揃えることも可能になりました。**（図表3-7）** アマゾン・ドットコムやネットフリックス（Netflix）などがこのモデルの代表選手ですが、アマゾン・ドットコムの場合は、自社か出品者かは別にして、物理的に大量の在庫を揃え効率的に払い出しをするために、フルフィルメント・センターなどへの膨大な物流投資をしてきまし

図表 3-6 ロングテール・ビジネスモデル

図表 3-7 ヒット商品とニッチ商品

	パレートの法則 （80：20の法則）	ロングテール
基本法則	●商品の 20％が売上の 80％を占め、利益はほぼ 100％を占める。	●残りの 80％の商品でも売上の 20％を占めて、レア商品のため高い利益率となる。
商品特性	●ヒット商品 ●Fast-moving プロダクト	●ニッチ商品 ●Slow-moving プロダクト
適応条件	●実店舗で売場面積に制限がある。 ●商品在庫の最小化でキャッシュを生み出したい。	●デジタル商品で限界費用や在庫コストがゼロである。 ●3D プリンターや POD で多品種少量(JIT)生産が可能。

出所：クリス・アンダーソン著（2006 年）「ロングテール」早川書房をもとに筆者作成

た。そのため、当初はネット企業が物流施設に大きな投資をすることに対して株主からの反対があったようですが、創業者ジェフ・ベゾス氏が「顧客第一主義が結局は株主の長期的利益にかなう」として株主を説得しました。このサイトではどんなものも揃うというワンフェイス・ショッピングが可能になりネットユーザーを引き付けることに成功しました。

　また、最近では、必要に応じて生産するプロダクション・オン・デマンド（Production On Demand）技術や、3D プリンターなどのメーカーズ革命によって受注から納品までのリードタイムが飛躍的に短縮化

され、多品種・多量の在庫を持たなくてもロングテールが可能になりました。

　しかし、一方でハーバード・ビジネススクールのアニータ・エルバース教授は、「ロングテールの嘘」と題した論文の中で、実際の企業の収益は少数のヒット商品に依存しており、ロングテールから利益を上げるには相当な困難が伴うと警告しています[*10]。さらに同教授は、著書「ブロックバスター戦略」の中で、映画やTV、プロスポーツ、ゲームなどのエンターテインメント産業では、ロングテールよりもヒット作品やスター選手を生み出すことが重要だと説き、次の点を強調しています。

- エンタメ業界では、ヒットを見込めるコンセプト（映像・音楽コンテンツ、タレント、ミュージシャン、プロスポーツ選手）を入手して、市場に売り込むことに巨額の投資をすることで栄える。
- 多種多様の商品ラインに均等にリソースをつぎ込むのではなく、ブロックバスターを狙って重点的に投資することがショービジネスの世界で成功する方法である。
- ハリウッドの映画産業においても、成功の確率を上げるためには、一般的な経営理論と同じ「選択と集中」の理論を実践している[*11]。

そう言われてみると、確かにロングテールの代表企業ネットフリックス（Netflix）でさえも、コロナ禍での自粛期間中、「愛の不時着」などの人気コンテンツでユーザー数をいっきに増やしたようです。売れ筋商品にしぼって選択と集中を行う「ヒット商品志向」がよいのか、ロングテールの豊富な品揃えを目指す「ニッチ商品志向」がよいのか、線引きが難しいところですが、筆者は、売場面積や在庫スペースに物理的制約がある実店舗だけの場合は、ロングテールはかなり難しいと思います。ただし、サイバー（ネット）空間でビジネスを行う企業は、ブロックバスターとロングテールをうまく組み合わせてネットユーザーを増やしていく方法を模索すべきだと思います。そして、このロングテール・モデルの究極の姿は、ユーザー別にカスタマイズして囲い込みをしていくことだと思い

ます。ベンチャー・キャピタリストの山本康正氏は「2025 年を制覇する破壊的企業」の中で、「ネットフリックスの提供する映画やドラマはひとり一人のユーザーの好みに合わせてストーリーが変わるようになる」[*12] と予測しています。このようなことがアパレルや出版といった様々な分野で可能になっています。サイバー（ネット）空間では、ヒット商品やニッチ商品をラインアップしてユーザーを惹きつけ、ユーザーの嗜好を把握してカスタマイズしていくといった価値提供方法が可能になってきます。

◢7 4 つに類型化される「フリー」ビジネスモデル

　次に、フリー・ビジネスモデルですが、アンダーソンは、フリーのビジネスモデルを次の 4 つに分類しました。

① 直接的内部相互補助型

何らかの商品・サービスを無料で提供し、他の商品の購入を促進するものです。販売促進のためのフリーペーパーや、無料で配られるティッシュ、配送料の無料化などがこれにあたります。最近では、レディガガなどの有名アーティストが新曲をユーチューブで無料配信し、コンサートやバックエンド商品で儲けるケースなどが出てきています。

② 三者間市場

コンテンツやサービス使用料は無料にして、第 3 者（広告主）からの広告料などでもうけるもので、新聞や民間テレビ局などでは従来から行われています。この後述べますが、グーグルやフェイスブックは、インターネットを通じた三者間市場を構築しています。旧来型とインターネット型の一番の違いは、前者は広告スペースに限りがあるのに対して、後者は次々にサイトが作られて広告媒体がどんどん拡がっていることです。少し変わったところでは、米国で株式手数料の無料化で有名になったロビンフッドです。ロビンフッドは、株式売買の手数料を無料にして、若者を中心とした米国の個人

投資家の裾野を大きく広げました。しかし、その後、顧客への事前開示なしに顧客の注文を超高速取引業者（HFT：High Frequency Trading）に渡し、HFT から受け取るリベートに収益を依存していることが発覚しました。また、スマホを経由して提供される株式の取引情報を見誤って自殺をする若者もでるなど大きな社会問題も引き起こしています。三者間市場における個人情報の取り扱いの問題は今後大きな社会的議論を巻き起こしていくことが予想されます。

③　フリーミアム（Freemium）

基本サービスは無料にして一部の有料会員からの会費で収益化するモデルです。Free と Premium の合成造語で、従来までは無料試供品10％で顧客を引きつけ90％を有料化するモデルでしたが、ネット取引では10％の有料会員で90％を無料化することができるというものです。フリーミアムには概ね次の4つの種類があり、これらを単独あるいは組み合わせてネットユーザーを獲得していくことになります[13]。

ⅰ．有料アイテム課金型

　　無料ゲームやアプリの中で有料のアイテムや機能に課金するタイプで、アマゾン・プライム・サービスや様々なゲーム・アプリなどが挙げられます。

ⅱ．時間制限型サービス型

　　無料で利用できる日数を決めて、それ以降は有料プランに移行しないとサービスが打ち切られるタイプで、「1ヵ月間無料お試しサービス」という形で、ダゾーンやネットフリックスなどのストリーミング・サービスに多く見られます。

ⅲ．機能制限型サービス型

　　無料で利用できる機能は一部に限定して、フル機能を利用する時は有料になるタイプで、Zoom などが例として挙げられます。Zoom は、この機能限定とともに使用時間限定（3人以上は40分まで）も合わせて行っています。

　iv．人数制限型サービス型

　　　法人サービスで、無料で利用できる機能は一部に限定して、そ
　　　れよりも利用人数が多くなれば有料プランに移行するタイプ
　　　で、法人向けのSaaSに多く見られます。

④　非貨幣市場型

　　対価を期待せずにボランティアの人々が提供するもので、定期的な
　善意の寄付と人々の知的好奇心によって運営されるWikipedia
　（ウィキペディア）、延べ何万人という世界中のプログラマーの無償
　の協力によるオペレーテイング・システム（以下OS）である
　Linux（リナックス）、一部スポンサーがいるものの世界の一流大学
　の講座が無料で配信されるMOOCs（Massive Online Open Cours-
　es：ムークス）といった無料サービスが出てきています。少し大げ
　さな言い方かも知れませんが、①から③で述べた「損して得とれ」
　型ではなく、このような善意に基づいた「フリー（無料）化」は、
　未来予想家のジェレミー・リフキン氏が「限界費用ゼロ社会」の中
　で述べているように、21世紀以降の社会・経済システム全体を再
　構築していくための大きな試金石になるのではないかと思います。

　　フリー・ビジネスモデルは、4番目の非貨幣市場型を除き、ネット
　ワーク効果を享受するために有効ですが、クリティカル・マスを超えて
　収穫逓増の状態になるまでにはいくつかのハードルがあります。例え
　ば、フリーミアムでは、無料コースと有料コースを選択する顧客はそも
　そも違う、無料コースのユーザーサポートに多大なコストと手間がかか
　る、といった問題が出てきています。また、広告主などを介する第3者
　間市場型にしても、ネットユーザーのプライベート・データ（個人情
　報）を無許可で使うことへの風当たりが強まっています。

　　また、これらの要因に加えて、日本市場を考えた場合は、GAFAMや
　BATといった米中の巨大ICT企業と比べると、獲得できるネットユー
　ザー数の規模が違います。GAFAMは欧米を中心とした英語圏のネット

ユーザー、BATは人口14億人を中心とした中国語圏のネットユーザーで、既に勝負はビリオン（10億人）規模のネットユーザーの獲得競争になっています。日本では、ヤフー・ジャパン（Yahoo! Japan）とLINE（ライン）が合併しても数千万人単位のネットユーザーです。残念ながら桁が2桁違うのです。これは、従来型の日本のマスメディアにも言えることですが、日本語という言語が外国企業の参入障壁になっている反面、グローバル・レベルでの競争では勝つのが厳しいということになります。したがって、日本市場だけで勝負しているICT企業は、フリーミアムのようなビジネスモデルを導入する際は様々な点で注意が必要です。**（図表3-8）**

図表3-8 フリーミアムの問題点と成功の条件

フリーミアムの問題点

①無料コースを選択する顧客と有料コースを選択する顧客とでは、ユーザーの特性が明らかに違うことが多い。

②無料コースのユーザーサポートには多大なコストと、クレーム対応への手間がかかる。

③広告収入を見込んで無料ユーザーを大量に集めるビジネスモデルでも、完全フリーのサイトの広告主になることを拒否するスポンサーがいる。

→

フリーミアムの成功する条件

①短い期間で数万人から数千万人規模の無料ユーザーが獲得できるサービスであること。（GAFAでは既に10億単位の争い）

②無料サービスに追加的にかかるコストは限りなくゼロに近いこと。（限界費用ゼロ）

③無料プランから有料プランに移行しやすい機能や仕様があること。

④ユーザーサポートに手間とコストがかからないサービスであること。

出所：https://www.jnews.com/mem/back/2013/11/j20131121.html をもとに筆者作成

8 収益化（マネタイズ）するためのビジネスモデル

収益化するためのビジネスモデルとしては、第2部の「収入の流れ」で紹介したように、一過性のワンタイム収益を志向するものと、継続的なアニュイテイ収益を志向するもの、そして、その中間的なものでワンタイム収入を獲得しながらも消耗品などの補完品でアニュイテイを稼いでいくものがあります。

ワンタイム収益の代表例は物販収入ですが、製造業の場合は、原材料

や部材を仕入れ製品化し、その製品を販売していくビジネスの基本形になります。流通・小売りの場合は、商品を仕入れ、それを販売して得られた収入ということになります。商品のタイトル（所有権）が移転しない「販売委託」という方法もありますが、この場合は、売る側は在庫責任を持たず売れた場合に販売手数料を受け取るということになります。出版社（書籍卸）と書店との関係は基本的に「販売委託」で、売れなかった書籍は返本されることになります。また、コンサルタントなどが成功に応じて報酬を受け取る「成功報酬型」や、パートナー間で売上をシェアする「レベニュー・シェア（Revenue Share）」といった方式があります。「成功報酬型」としては、2006 年に創業されたリブセンス（Livesense）の事例があります。同社は、求人・中古車・不動産の 3 領域においてインターネットを利用した仲介ビジネスを行っていますが、同社が運営する「マッハバイト」は、通常のバイト掲載料は無料にして、求人採用が決まった時に掲載者に対して課金する仕組みになっています。「レベニュー・シェア」で有名なのが、アップル社の App Store で、ストア上で製品やアプリが売れると出品者が 70%、アップル社が 30% でレベニュー・シェアする仕組みになっています。（2021 年より中小出品者についてはアップルの取り分は 15% になっています）

「ワンタイム＋アニュイテイ収益」の代表例が「レーザー・ブレード（替え刃）・モデル」です。「レーザー・ブレード・モデル」は、1903 年にジレット社の創業者であるキング・ジレットが「本体でなく使い捨ての替え刃で儲ける安全カミソリ」の特許を取得して製品化したのが始まりです。この「替え刃式 T 字カミソリ」は、発売当時苦戦しましたが、飲料のオマケとして本体を無料配布するなどして次第に普及し、1918 年には、本体が 100 万本、替え刃はその 12 倍の 1 億 2,000 万枚に達し、大成功を収めました。このモデルは、本体の価格を抑えて消耗品で稼ぐ方法で、いかに早く本体を市場に浸透させるかが鍵になります。同様の「替え刃モデル」を採用しているビジネスとしては、インク

ジェット・プリンターやファミコン、ネスプレッソとコーヒーカプセルなどがあります。このモデルが存続する条件は、収益化の対象となる補完品の代替品がないことです。ICT関連商品のインクジェット・プリンターでは、次第にこの「補完品の代替品がないこと」という条件が崩れつつあります。家電量販店に行くと、人気機種では純正品の60〜70%の価格のサード・パーティ消耗品が売られています。そのため、セイコーエプソン社では発想を変え、本体価格は通常の製品より高く設定し、エコタンク搭載によって印刷枚数を増やし1枚当たりのコストを10分の1程度に抑えたモデルも発売しました。セイコーエプソン社では従来型のインクジェット・プリンターのシェアも高いので売り分けは難しいのですが、印刷枚数の多い顧客はエコタンク方式のほうがお得になるように巧妙に価格設定しています。また、同じ製品分野でも、B2B用途が多い「複合機」は消耗品や修理費込みで一枚いくらの「従量課金方式（Pay Per Use)」を採用しているメーカーが多くなっています。

　継続的なアニュイテイ収益を目指すものの代表として、現在最も注目を浴びているのが「サブスクリプション・サービス」です。サブスクリプション・サービスは「購買・購読」という意味ですので、従来からある新聞や雑誌の定期購読も一種のサブスクリプションになります。しかし、2010年代に入ると、インターネットやスマホの普及と移動通信回線の進歩によって、デジタル製品のサブスクリプション・サービスが一気に花開きました。特に、動画配信のネットフリックス（Netflix)やDAZN（ダゾーン)、音楽配信のスポティファイ（Sportify)やHulu（フールー)は、一定額の月額料金を払えば映像や音楽は見放題・聴き放題という「ストリーミング・サービス」を生み出しました。また、これ以外でも、月々定額料金を払えば高級バックやアクセサリー、洋服を借り放題といったサービスも一種のサブスクリプション・サービスと考えられます。また、米国では、毎月一定額を払えば、食品や生活衣料品、ガーデニング用品など反復性の強い商品がパッケージで届く「サブスクリプション・ボック

ス」も試行されています。また、日本でも、パーソナライズされた化粧品（資生堂）、衣類の定期便（ZOZO）、焼肉コースの食べ放題（牛角）、スーツのレンタル（AOKI）、更に数年前にはクルマのサブスクリプション・サービスまで出てきました。このようなサービスの広がりを考えると、一体なにがサブスクリプション・サービスなのかわからなくなりますが、ここでは一時的に「継続的に毎月一定額の料金を払うことによって提供される会員制サービス（あるいはパッケージ化された商品群）」と定義します。

　しかし、サブスクリプション・サービスも最近では乱造・乱立気味で、日本経済新聞 2020 年 10 月 20 日号では「成長の陰で国内撤退 3 割」（サブスク　サバイバル）という記事の中で、「サブスクは 2025 年には世界で 50 兆円になるとの予測もある反面、既に淘汰も始まり、国内で参入した企業の 3 割は 1 年以内に撤退している」と報じています。また、米国でサブスクリプション・サービス会社に対する請求管理サービスを提供している Recurly 社がサブスク会社 1,200 社に調査したところ、B2B よりも B2C のほうが解約率は高く、特に商品がパッケージ化されて毎月送られてくる「サブスクリプション・ボックス」では最高値が 19.1％に達していたとのことです*14。**（図表 3-9）**解約件数が新規契約件数を上回

るようになると、一気に売上高の縮小が進んで損益分岐点を下回る赤字となり、商品開発やサービスへの投資ができなくなり、益々顧客離れが起こり、経営破綻か事業撤退に追い込まれる、という負のスパイラルに陥ります。
　また、トヨタ自動車

図表 3-9 サブスクリプション・サービスの落とし穴
《サブスクリプション事業の分野別解約率》

		中央値
ソフトウエア（Saas）	3.2〜 9.5%	5.33%
ゲーム、エンタメ	3.3〜11.5%	5.90%
教育コンテンツ	4.9〜16.8%	9.80%
サブスクリプション BOX	6.8〜19.1%	12.30%
動画配信サービス	5.8〜19.7%	10.90%
コンシューマーグッズ	5.3〜16.7%	9.20%
コンシューマーサービス	3.4〜15.8%	7.70%
ビジネスサービス	3.4〜14.4%	7.10%

出所：Recurly Research
https://www.jnews.com/mem/back/2019/07/
j20190701.html より抜粋

は KINTO というサブスクリプション・サービスを 2019 年から始めて
いますが、2019 年 3 月〜11 月の累計申し込みはわずか 951 件だったと
発表されています。天下のトヨタが日本全国で 1 日 6 件弱の契約しかと
れないというのは異常事態です。筆者は、導入当初の KINTO は、次の
ような問題があったのではないかと思います。

　①　契約年数のしばりがあり、カー・シェアやカーリースとの違いが
　　　不明瞭
　②　サブスクリプションという割には、駐車場代やガソリン代は別料金
　③　ディーラー・セールスの理解が不十分

　その後、トヨタ自動車は KINTO サービスのラインアップを 6 種類に増
やして、サービスをカー・シェアやライドシェアまで拡大して KINTO と
呼ぶようにしたようです。これは、明らかに MaaS（Mobility as a Service）
を睨んでストック・ビジネスを試行するといった戦略的意図があるのだと
思います。しかし、現在販売の主流になっているディーラー網はフロー・
モデルを前提とした「販売チャネル」です。ディーラー・セールスにとっ
ては、クルマの割賦販売もリース販売も「物販」ですので、一括ワンタイ
ム売上が期待できますが、本来の意味でのサブスクリプション・サービス
ではこれが期待できません。したがって、「新たなビジネスモデルへの不
適応」が起こる懸念があります。このようないくつかの懸念や壁をトヨタ
自動車がどのように乗り越えていくのか、筆者としては非常に興味深いと
ころです。

　また、最近注目されるのは、ネットフリックス（Netflix）の動向です。日
本経済新聞 2020 年 10 月 21 日号「『退会しますか?』あえて通知（サブス
ク・サバイバル下）」では、ネットフリックスが 1〜2 年アクセスがないまま課
金し続けている休眠利用者についてアカウントを取り消すかどうかの確認
メールを送り始めたと報じています。通常、スポーツ・ジムなどの会員制
サービスでは、スリーピング・ビューティといわれる有料休眠会員（あるい
は使用頻度の少ない会員）の比率も見込んで会員を多めに募集するのです

が、ネットフリックスのやっていることは、相当の覚悟がいることだと思います。先ほど述べた 2021 年２月の料金値上げとともに、将来を見込んで優良顧客をいかに囲い込んでいくか、次のステージに進むためのネットフリックスの挑戦です。

今後も成長が期待されるサブスクリプション・サービスですが、いくつかの点で存続できる条件が見えてきたのではないかと思います。一つ目は、第２部でも述べたようにフロー・ビジネスと違ってストック・ビジネスは「契約が始まってからが勝負」で、顧客ライフタイム・バリュー（LTV）や解約率（Churn Rate）と言ったユニット・エコノミクスによって業績を管理していくことです。**（図表 3-10）** 二つ目は、従来型の営業だけの顧客接点ではなくて、顧客を取り囲んだ様々な視点からの顧客接点が求められるようになるため社内体制の変革が必要なことです。**（図表 3-11）** 三つめは、特にデジタル世界では顧客データをビッグデータ化し個別顧客の嗜好や動向を常に把握することが重要になるということです。また、サブスクリプション・サービスに適している商品・サービスとしては、①購買の反復性の高い商品（飲料・日用品）、②在庫スペースの制約がない映像・音楽コンテンツなどのデジタ

図表 3-10 物販とサブスクリプションの違い

	プロダクト販売（物販）型	サブスクリプション型
取引形態	所有権移転 → ← 代金支払い	サービス提供 → ← 定額支払い
重要な指標	●販売数量（シェア） ●一括売上高 ●契約までが勝負	●ライフタイム・バリュー（LTV） ●解約率 ●契約後が勝負
顧客の購買行動	●AIDMAS ●AISAS	●契約更新 ●ロイヤルティ ●エンゲージメント

筆者作成

図表 3-11 社内体制も変わる

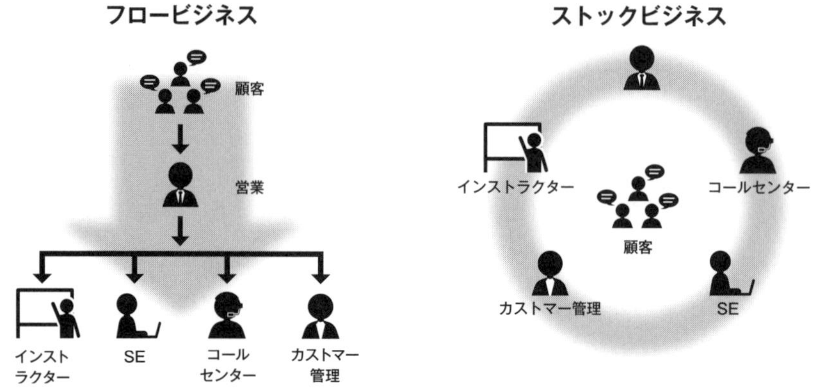

筆者作成

ル商品、③月間定額料金が 10,000 円以内のサービス、といったように
絞られてくるのではないかと思います。また、日用品などの商品を毎月
パッケージ化して送る「サブスクリプション・ボックス」型は、AI と
連携したアマゾン・エコー（Echo）などのスマートスピーカーにより
EC での買い物が更に便利になれば存続が厳しくなるのではないかと考
えます。「〇〇が欲しい」と音声を発すればオン・デマンドで届けてく
れるようになれば、余剰がでるリスクを冒して「サブスクリプション・
ボックス」で定期配送してもらう必要はなくなります。

9 GAFAM のビジネスモデル

　第 3 部において、ICT 産業における様々なビジネスモデルの定石を
紹介してきましたが、様々なビジネスモデルを駆使して巨大化してきた
のが GAFAM や BAT といった米中の巨大 ICT 企業です。

　まず、グーグルは、1998 年にセルゲイ・ブリンとラリー・ペイジに
より設立された会社です。二人は、ページランク（PageRank）という
画期的な検索エンジンを作りました。しかし、既に Yahoo! などで無料

検索ができたので、単純に検索サービスを有料で提供するわけにはいかず、かといって技術供与でライセンス料を稼ぐのも腑に落ちないということで、最初の数年は収益化に苦しみました。そこで考えだされたのが、検索連動型広告です。これは、当時はアドワーズ広告（AdWords）と呼ばれ、広告主がキーワードごとに、ユーザーの1クリック当たりの料金（Cost Per Click）を入札し、その応札料金によって広告場所が決まる画期的な広告方法でした。そして、更に、自社サイトだけでなく数あるウェブ・オーナーのサイトにも広告を掲載できるようにしたアドセンス広告（AdSense）を生み出しました。この2つの広告ビジネスモデルのイノベーションによって、グーグルは大ブレイクしたのです。

　この広告ビジネスモデルは、アンダーソンの唱えた「フリーの第3者間市場」の典型例となります。**（図表 3-12）** アドワーズ広告と従来方式との違いは、従来のようにグーグル自身が営業を使って（あるいは広告代理店を使って）広告主（顧客）に注文を取りにいくことがなくなったということです。広告はすべてインターネットを通じた入札で行われ、大企業だけでなく中小企業も落札できるようになりました。そして、アドセンス（AdSense）広告では、自社以外のサイトにも広告機会を見出だしたということです。通常は、スタジアム等や自社ウェブ・サイトのバナー広告の

図表 3-12「第 3 者間市場型」のビジネスモデル

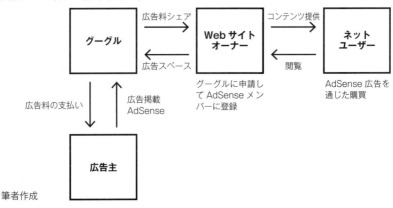

筆者作成

場合は、物理的な制約があるのですが、自社以外のサイトにも広告機会を見つけたことによって更に成長を加速することになります。そして、社会的に重要なことは、YouTuberといった新しい職業を作り出したことです。グーグルでは、検索エンジンだけでなくGmailやグーグル・アース、グーグル・クローム、グーグル・マップなど様々なツールを開発しましたが、これらはほとんどすべて無料（フリー）で利用でき、20億単位のネットユーザーを集めて、広告主から広告代を徴収しているのです。

　そして、同じような形でビジネスを展開して成功したのがフェイスブックです。フェイスブックは、2004年に当時ハーバード大学の学生だったマーク・ザッカーバーグが何人かの同級生と立ち上げた学生交流サイトに端を発しています。その後、SNS（ソーシャル・ネットワーク・システム）として、2020年12月末時点ではマンスリー・アクティブ・ユーザー（Monthly Active Users：MAUs）は28億人に上っています。グーグルとの違いは、フェイスブックはSNSのため個人の属性情報が多く精度の高いターゲッティング力があるということです。また、広告の種類も多いことから非常に利益性の高いビジネスを展開しています。フェイスブックも、インスタグラム（Instagram）やホワッツアップ（WhatsApp）などを買収して、すべて無料（フリー）にして、のべ20億以上のユーザーを集め、広告主から広告代を徴収しているのです。

　また、アップル社は既にいろいろなところで登場しましたが、1976年にアップル・コンピュータとして、スティーブ・ジョブズとスティーブ・ウォズニアックの2人のスティーブにより設立されました。途中、スティーブ・ジョブズが自ら招いたトラブルで、自分でペプシ社から引き抜いたジョン・スカリーによって解雇されてしまったり、また、業績悪化の立て直しで戻ってきたりと波乱万丈の時期がありましたが、今のように大きく飛躍しだしたのは、iPodやiTunes、そしてiPhoneやApp Storeを市場導入してからになります。それまでは、アップル・コンピュータは基本的にPCの物販の会社でした。しかし、iTunesやApp Storeで音楽権者とネットユーザーをつなげるマルチサイ

ドプラットフォームにビジネスモデルを変換したのです。そして、その後出てきたストリーミング・サービスに対応するために 2009 年に音楽ストリーミングの会社を買収してサブスクリプション・サービスにキャッチ・アップします。

　その後、Apple TV ＋や Apple News ＋、Apple Arcade などの投入によってサブスクリプション・サービスを強化し、更にアップル・ウォッチ（Apple Watch）を市場導入し、モバイル・コンピューティングだけでなくウェアラブル・コンピューティングまで製品ラインアップを拡充しています。アップル・ウォッチでは、オープンソースによる医療アプリの開発などによって、今後有望となるヘルスケア市場でのネットユーザーと医療機関や健康管理施設をつなぐプラットフォームを構築中です。アップル社は、GAFAM の中では物販の売上比率はまだまだ高いのですが、着実にフロー・ビジネスとストック・ビジネスの 2 本柱へと事業構造を変換しています。

　アマゾン・ドットコムは次の流通・小売りのところで詳しく紹介するとして、大きく復活したマイクロソフトに話を移します。数年前までは、米国を代表する新興の巨大 ICT 企業として GAFA の 4 社が挙げられてきましたが、新たにマイクロソフトが復活し、今では GAFAM という呼び方をするようになりました。マイクロソフトは、1975 年にビル・ゲイツとポール・アレン（故人）によって設立されたソフトウェア会社です。最初は、IBM PC 互換機用の MS DOS で地歩を固め、1985 年に発売された Windows シリーズによって、一気に PC OS（オペレーティング・システム）市場を独占します。しかし、この独占によって、1998 年、マイクロソフトは米国政府から独占禁止法で訴訟されることになります。そして、この訴訟が原因かどうかは不明ですが、2000 年代から 2010 年代前半でのスマホ等のモバイル端末への流れに乗り遅れてしまいました。しかし、2014 年にサティア・ナデアが CEO（最高経営責任者）に任命されるや、ビジネスモデルが大きく変革されることになります。これまでは、マイクロソフトのビジネスモデルは、ソフトウェアの物販で、定期的にバージョンアップを図り、ソフトウェアを置き換えていくというものでしたが、ナデアは一気に「クラウド化」「モバイル

化」に舵を切りました。それまでのマイクロソフトは、原則として自前主義をとっていましたが、宿敵だったアップル社とも手を組むなどして、「オープンビジネスモデル」に切り替えました。そして、B2B向けのクラウド・サービスであるマイクロソフト・アジュール（Microsoft Azure）やB2Cも視野に入れたOffice 365によって、ソフトウェアの物販からクラウド・サービスというストック・ビジネスにビジネスモデルを変革したのです。

　このようにGAFAMのビジネスモデルの変遷を見るといくつかの共通点があることがわかります。まず一つ目が、ビジネスモデルが各社ともにストック・モデルに移ってきていることです。グーグルやフェイスブックは当社からの第3者課金のストック・モデルは変わりませんが、アップルやマイクロソフト、アマゾン・ドットコムは、設立当初物販だったものの、次第にストック・ビジネスの比率を増やそうという戦略的意図が見えます。

　二つ目は、まずは、マルチサイドプラットフォームやフリー、ロングテールなどのビジネスモデルでビリオン（10億）単位のネットユーザーを引きつけ、ネットワーク効果を享受しながらフリーミアムや第3者課金、サブスクリプションなどによって収益化（マネタイズ）を図り、更に限界費用が限りなく

図表3-13 GAFAのビジネスモデルの基本型

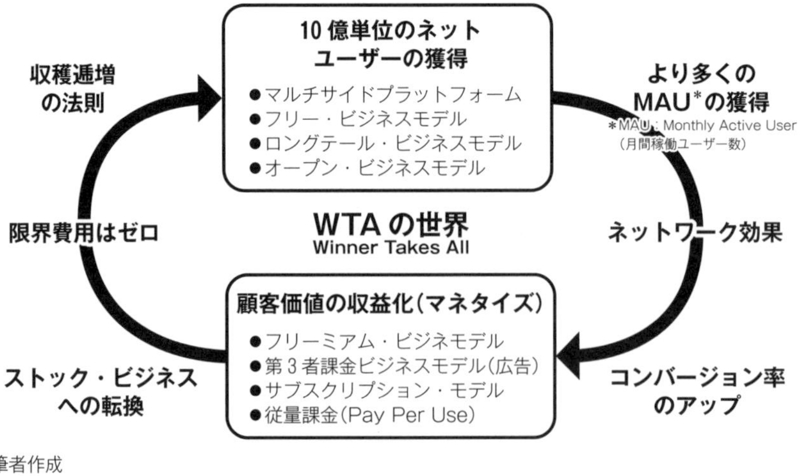

筆者作成

ゼロに近いネット空間で、収穫逓増の法則[*15] により利益率が上昇し「WTA
（勝者総取り）」になるといった構図です。**(図表 3-13)**

⑩ ICT 産業の価値の原動力「NICE バリュー・ドライバー」

　ラファエル＆ゾットは、e ビジネスにおける優れたビジネスモデルの
条件として、「新奇性（Novelty）」「囲い込み（Lock-In）」「補完性
（Complementarity）」「効率性（Efficiency）」の 4 つを挙げました。さ
らに、2020 年には、これらの 4 つの条件をさらに「NICE バリュー・ド
ライバー（価値の原動力）」として提示しています **(図表 3-14)**[*16]。

　一つ目の「新奇性（Novelty）」とは、従来までつながってなかった取
引先同士をつなげたり、革新的な取引方法によって新たな収益源を見出
したり、新しい方法で潜在的な顧客ニーズを満たしたり、新たな市場へ
の参加者を誘引することが可能なビジネスモデルです。マルチサイドプ
ラットフォームであるメルカリは、今までは全く知らなかった者同士で
の取引を可能にしましたし、グーグルは、アドセンス（AdSense）広告

図表 3-14 ビジネスモデルの NICE バリュー・ドライバー

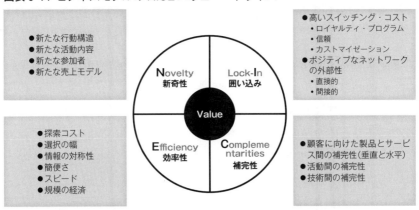

出所：Raphael Amit & Christoph Zott, Business Model Innovation Strategy, Wiley (2020)
P.242 より筆者が翻訳

という革新的な取引方法を考案し、発信意欲の強いウェブ・サイト制作者たちという新規の参加者たちを広告市場に登場させ、YouTuber（ユーチューバー）という新しい職業を創造しました。

　二番目の「囲い込み（Lock-In）」は、顧客のスイッチング・コストを高めることによって価値を高めることができるということです。スイッチング・コストとは、顧客が他の同類の製品やサービスに鞍替えするためのコストです。ネットワーク効果の効用としても「囲い込み」を挙げましたが、フェイスブックはSNSを通じたユーザーネットワークや様々なゲーム・アプリを準備することによってスイッチング・コストを高めています。ネットユーザーが様々な同種のサービスを並列的に利用することをマルチホーミング（Multi-homing）といいますが、映像や音楽のストリーミング・サービスで解約条項のないサブスクリプションの場合はスイッチング・コストが低い状態で、マルチホーミングする顧客が多く存在します。そのため、ネットフリックスは顧客情報をビッグデータ化することによって徹底的なカストマイゼーションをして顧客のスイッチング・コストを上げていくと思われます。

　三つめの「効率性（Efficiency）」とは、顧客の選択の幅を広げ、探索コストや取引コストを低減させ、取引者同士の情報の対称性を促進することです。アマゾン・ドットコムはロングテール・ビジネスモデルによって顧客の商品の選択肢を一気に広げました。また、リコメンデーション機能などの充実により探索コストを低減しています。そして、ニッチ商品を多数扱うことによってネット出品者とネットユーザーの間の情報の非対称性を解消しつつあります。情報の非対称性とは、例えば投資信託などの金融商品を売る側と買う側で圧倒的に商品に関して保有する情報量が違うことを指します。そのために、金融商品を売る際は様々な説明義務が課されているのですが、ニッチ商品の場合は逆にユーザーサイドのほうが商品知識を持っていることが多いのです。また、C2C（P2P）で個人間を結ぶマルチサイドプラットフォーム型のビジネ

スモデルでは、いかに取引者の信用情報を蓄積するかが取引コストを抑制する鍵となります。eBay は「エスクロー制度」*17 を開発し、各サイトは頻繁に「フィードバック評価」を行っています。エア・ビー・アンド・ビーの競争力の源泉は、部屋の貸し手と借り手の「相互評価」によって蓄積された信用情報だといえます。また、最近で一番成功している事例は、アリババ・グループの「芝麻（ゴマ）信用」です。アリババでは、EC サイトを展開する上で、当初サイトに出品される商品の品質の悪さに苦しめられました。そのような中で、今や中国全土に広がるキャッシュレス決済手段である Alipay において個人の信用情報が蓄積されてきました。そこで、アリババが展開する様々なサービスを利用する際の信用情報として「芝麻（ゴマ）信用」を創設しました。芝麻信用は、現在では中国国内で広く普及し、信用ポイントが一定の点数を超えるとホテルや自転車シェア・サービスのデポジットが不要になったり、消費者金融でお金が借りやすくなったり、婚活サイトで相手を選ぶ時の基準にもなっており、中国社会全体の取引コストを大きく引き下げています。

　そして、最後が「補完性（Complementarities）」です。ビジネスモデル・キャンバスの説明でも、9 つのブロック間の補完性が重要だと述べました。また、レビットのホール・プロダクト理論でも「理想のプロダクト」に向けた追加・補完的な製品・サービスの重要性を説いています。この後述べる、流通・小売りの世界では、オンライン店舗とオフライン店舗をそれぞれ補完的に利用してもらう「OMO（Online Merges with Off-line)」のコンセプトでユーザーの利便性を高めています。また、技術的にも、AI（人工知能）やビッグデータ、IoT（Internet of Things）、VR（仮想現実）、ロボットなどの新技術がそれぞれ補完し合って、様々な画期的新製品や新サービスを生み出しています。

第8章

流通・小売業における
ビジネスモデルの変遷

破壊こそが新しいものの創造の母体である。
したがって経営者の仕事とは旧いものを破壊することだ。

鈴木敏文

■「小売の輪の理論」による実店舗形態の変遷

　この章では、流通・小売業におけるビジネスモデルの変遷を見ていきたいと思います。小売業の中では「業態」という言葉が頻繁に使われますが、本書ではこれを「ビジネスモデル」として読み替えていきます。

　1957年、米国ピッツバーグ大学のマルコム・マクニール教授は、「小売りの輪の理論」を唱えました。これは、まずは新しい小売業態が出現して、革新的なローコスト経営で、既存業者より低価格を訴求し、市場での地位を確立する。やがて、同様の低価格での追随業者が現れ乱戦になり、最初の小売業者は価格競争を避けるために品揃えや品質を重視した高コスト・高マージン経営にシフトする。徐々に価格が上昇するため、次の革新的小売業者が、低マージン・低価格の形態で市場に参入する、といったことが車輪のように繰り返されることを説明した理論です。**(図表3-15)** マクニールは、百貨店、チェーン・ストア、ディスカウントストアが頭にあったようです。米国においては、19世紀後半に、いち早くカタログ販売と値引き販売を開始したシアーズは、対面販売を基本とした高価格の百貨店に替わりディスカウントストアの先駆者となりました。しかし、その後、ウォルマートは、モータリゼーション

図表 3-15 小売業界に「小売りの輪の理論」

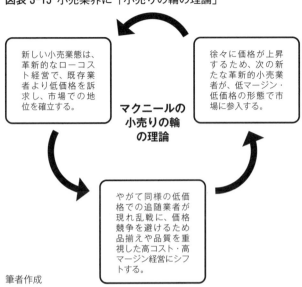

新しい小売業態は、革新的なローコスト経営で、既存業者より低価格を訴求し、市場での地位を確立する。

徐々に価格が上昇するため、次の新たな革新的小売業者が、低マージン・低価格の形態で市場に参入する。

マクニールの小売りの輪の理論

やがて同様の低価格での追随業者が現れ乱戦に、価格競争を避けるため品揃えや品質を重視した高コスト・高マージン経営にシフトする。

筆者作成

の波に乗り、シアーズよりも地価の安い郊外に店舗を設立し、さらにドミナント・モデルで特定地域に集中出店して物流コストを下げ、従業員の賃金も安く抑えるなどして総コストを抑制し、それによって可能になった低価格戦略によってシアーズに替わり全米一の小売業に躍進します。このような米国における小売りの覇者の交代劇は、まさに「小売りの輪の理論」を実証するものです。

シアーズやウォルマートは、GMS（General Merchandise Store：総合量販店）といわれるビジネスモデルで、①セルフサービス方式の採用、②チェーンストア化（多店舗化）による規模の利益の追求、③低価格の訴求、④衣食住にわたる広い品揃えによるワンストップ化の実現、といった当時としては革新的な特徴を備えているものでした。

日本では、戦前から続く三越や松坂屋といった百貨店は、江戸時代からあった老舗ですが、出店は一部の大都市に限られており、戦後の焼け跡からの流通を担ったのは小規模のパパ・ママストアやその集合体であ

る地元商店街などです。そこに出てきた大規模店舗がダイエーです。ダイエーは、1957年に神戸市で創業され、「主婦の店ダイエー本店大阪」を開店し、1960年代、1970年代は「価格破壊」をスローガンにして、GMSやショッピング・センターを展開して、1980年代では全国の地元スーパーチェーンを買収して業容を拡大していきます。

しかし、ダイエーによって発展したGMS（総合量販店）やスーパーチェーンといったビジネスモデルは、次第に店舗数が増え、各施設が大型化し巨大な投資が必要になってきたため、商品構成も総花的になり、価格的にも次第に魅力を失っていきます。また、イオンやイトー・ヨーカドー、西友などが続々と大型店舗やショッピングモールなどの大規模商業施設を作り、乱戦状態になっていきます。

そのような中で出てきたのが、カテゴリーキラーと言われた専門量販店です。専門量販店は、GMS（総合量販店）と同じようにセルフサービス方式で、チェーン・ストア化によって業容拡大を図り、特定分野に品揃えを絞ることによってGMS以上の低価格化を実現しました。家電のヤマダ電機やビックカメラ、アパレルではユニクロや紳士服のアオキ、ドラッグストアのマツモトキヨシ、家具ではニトリといった現在でも主流になっている専門量販店が次々と登場しました。このように、日本においてもマクニールの「小売りの輪の理論」は生きているのです。総合量販店やスーパーチェーンとして一世を風靡したダイエーは、その後、経営難に陥り、2015年にイオン・グループの傘下に入りました。

❷「SPA（製造小売業）」というビジネスモデル

ユニクロで有名なファーストリテイリングは、もともとは山口県宇部市の「小郡商事」という紳士服店から始まりました。現在のファーストリテイリングという名前になったのは1991年のことです。ユニクロ1号店が広島市に誕生したのは1984年になります。地方の一企業だった

ユニクロは次第に店舗数を拡大していきますが、その過程で、社長の柳井正氏は当時すでに米国で注目を浴びていた SPA（Specialty store retailer of Private label Apparel：アパレル製造小売業）というビジネスモデルに目をつけます。

　SPA は、1986 年に米国のアパレル大手である GAP が始めたもので、「一つのアパレル企業の管理のもとで、商品に関する企画・開発・素材調達・製造・物流・在庫管理・販売・店舗企画などすべてのバリューチェーンが統合されたビジネスモデル」と定義されます。もともと、小売業から始めたユニクロは、次第にメーカーが作った洋服を卸すのではなく、自ら素材や製品を企画・開発し、製造を委託する形の上流への垂直統合を目指します。よくスペインのアパレル大手 ZARA と比較されますが、ZARA は逆に創業者のアマンシオ・オルテガ氏が洋服職人だったために、メーカーから小売りへと下流のほうに垂直統合してきたことになります。

　また、ユニクロの場合は、製造拠点としての中国にも早くから注目しコストダウンを図っています。その後、国内外への積極的な展開で、店舗数もユニクロや GU 等すべての事業あわせて 3,630 店舗（2020 年 8 月時点）に上っています。また、2016 年には「情報製造小売業」を標榜し、顧客の購買データを収集し、これをグーグルの AI サポートによって分析し、必要な量だけを早く作って在庫を最適化していく戦略を取っています。ファーストリテイリングのビジネスモデルを見ていくと、次のようないくつかの特徴が明らかになります。

① アパレル業界のドミナント・ロジックへの挑戦
　　従来までのアパレル業界では、男性用と女性用の洋服をはっきりと分けて作り、毎年デザインから作っていたため、売れ残った洋服は大量に廃棄されていましたが、ユニクロは、その名前の通り「ユニセックス」の LifeWear（究極の普段着）作りを目指し、コスト低減を実現しました。

② 長期的なパートナーシップ

素材開発においては東レと組み、ヒートテックやエアリズムなどのヒット商品を生み出し、「情報製造小売」への転身にあたっては、ICT コンサルタントのアクセンチュアと組むなど、長期的なパートナーシップを確立しています。このようなパートナーシップがユニクロや GU 商品の価値提案力を上げています。

③ 新たな潮流への取り組み

既にオンライン店舗である自社 EC での売上比率は 15％を超えますが、新たに東京銀座に開業した UNIQLO TOKYO では EC と融合させて LifeWear に関する情報を発信しています。また、SDGs に対応して 62 万着のダウンジャケットを回収して再生ダウンジャケットを発売するなど、常に新たな時代の潮流への取り組みを行っています。

このように、日本でもファーストリテイリングの躍進によって SPA というビジネスモデルも知られるようになりました。既に述べましたように、インテリア・家具のニトリも商品企画や生産（委託）までを国内外で行っており、低価格と高品質を両立した SPF（Furniture）とも言うべきビジネスモデルで成功しています。

❸「日本型 CVS（コンビニエンス・ストア）」というビジネスモデル

日本においては、百貨店や GMS、スーパーチェーンというビジネスモデルが次第に輝きを失っていく中で登場したのが、「日本型 CVS（コンビニエンス・ストア）」です。筆者があえて「日本型」という名称をつけたのは、CVS という業態やセブン-イレブンという商標自体は米国に由来していますが、それを最強のビジネスモデルに仕立てあげたのは

セブン–イレブン・ジャパン（以下 SEJ）だからです。例えば、米国やシンガポールなどのセブン–イレブンと、日本のセブン–イレブンでは、売っている商品が違いますし、そのクオリティも全く違うのです。海外からのインバウンドの旅行客が驚くことの一つにコンビニで売っている食品の「おいしさ」が挙がります。それほど日本のコンビニで売っているプライベート食品のクオリティは高いのです。

　このような「日本型 CVS」というビジネスモデル創設をリードしたのが SEJ でした。既に GMS やスーパーチェーンとして多店舗展開を図っていたイトー・ヨーカドーは、1973 年にコンビニエンス事業を行うために株式会社ヨークセブン（現セブン–イレブン・ジャパン）を設立し、米国サウスアイランド社と提携しました。ただ、この当時、CVS は日本には時期尚早という声が多く、スーパーと競合する可能性もあり、イトー・ヨーカドー社内にも反対の声が多くありました。

　一方で、日本ではこの年に、中小小売商業振興法や大規模小売店舗法（通称「大店法」）が公布されています。1960 年代、70 年代、チェーン・ストアや GMS（総合量販店）などの大型店舗の登場によって街の商店街や小規模店舗は非常に厳しい状況に追い込まれていました。1973 年に公布され 1974 年に施行された 2 つの法令は、これらの商店街や小規模店舗を保護するためのものでした。大店法では、「大規模小売店舗の事業活動を調整することにより、その周辺の中小小売業者の事業活動の機会を適正に保護する」ことが求められ、大規模小売店舗であるイトー・ヨーカドーは、出店にあたっては、これまで以上に地元商店街や小規模店舗との調整が求められることになりました。そのような時代背景があり、大店法の精神に則って、「中小小売業店経営を近代化・活性化して大型店との共存共栄を図る」ために、本格的なフランチャイズ制を前提にした CVS の設立が進められます。そして、1974 年東京都江東区に第 1 号店である「セブン–イレブン豊洲店」がオープンされたのです。コンビニという新たな業態で、通常は直営店で実績を積んでからフ

ランチャイズ化するのですが、いきなり第1号店は、酒屋さんから業態転換したフランチャイズ店でした。大店法は 2000 年に廃止されましたが、SEJ は、フランチャイズ制によって、街の酒屋さんや米屋さんなどのパパママショップを CVS 化することによって出店を拡大しました。そして、2021 年 2 月末時点で北海道から沖縄まで日本全国で 21,167 店（フランチャイズ店が 9 割程度）を展開しています。

このようにして、SEJ によって創られた「日本型 CVS」ビジネスモデルは、次のような要素によって構成されています。

① フランチャイジーというチャネル・パートナーの存在
② 全国に配置された専用工場による卓越した商品力
③ ドミナント・モデルによる効率的なロジスティックス体制
④ 「街の台所」としての集客力
⑤ 「チームマーチャンダイジング（チーム MD）」による結束力

まず、「フランチャイジーというパートナーの存在」ですが、当初の設立目的もあり、セブン-イレブン・ジャパンの店舗の約 90％がフランチャイズ店となっています。小売業や飲食業などがチェーン・ストア（多店舗）化を図る際には、直営店にするのかフランチャイズ展開をするのかは重要な決断になります。フランチャイズ制とは、「フランチャイズに加盟する法人や個人（フランチャイジー）が、フランチャイズ本部（フランチャイザー）から店舗ブランドの使用、商品、店舗運営ノウハウなどの提供を受けて、その対価をロイヤルティとして払う仕組み」と定義されます。SEJ の場合は、「小規模小売業の経営の近代化」という設立目的もあり、設立当初から積極的なフランチャイズ展開をしてきました。例えば、街の酒屋さんは酒販免許を持っていたためお酒も品揃えに加えて CVS への切り替えをスムーズにしたと言われています。このような街の酒屋さんや米屋さんなどを CVS に切り替えて地元密着型の店舗運営をしてきました。直営店かフランチャイズ店かについては、それぞれメリット・デメリットはあります。**(図表 3-16)** しかし、全体

図表 3-16 直営店とフランチャイズ店のメリット・デメリット

	直営店	FC 店
メリット	• 本部が各店舗をコントロール・管理しやすい。 • 店舗再編（出店・閉鎖・再出店）が機動的にできる。 • エンドユーザーから得られる利益を最大化できる。	• 少ない資金で多店舗展開ができる。 • 店舗施設費や店員人件費等の固定費が少なくてすむ。 • 地元に密着しやすく、酒販免許等の取得時間が省ける。
デメリット	• 店舗展開にあたって、初期投資が多くなる。 • 店舗施設費や店員人件費等の固定費がかさむ。 • 店舗を運営する人材（特に店長）が不足しがちになる。	• 店舗の再編（出店・閉鎖・再出店）が機動的にできない。 • 店舗管理が間接的になり、店舗運営にバラツキがでる懸念がある。 • 中長期的には、エンドユーザーからの利益が外部（店舗オーナー）に逃げてしまう。

筆者作成

としては、SEJ のフランチャイジーが他のコンビニに鞍替えしたという話はあまり聞きません。SEJ にとって、フランチャイジーとの強い関係性がビジネスモデルの基本になっていることは間違いありません。

次が「全国に配置された専用工場による卓越した商品力」です。毎朝店頭に並ぶおにぎりやサンドイッチ類、セブン・プレミアムの食パン類、おでんやお弁当など、これらの商品力が SEJ の競争力の源泉となっています。そして、この卓越した商品力を支えているのが、全国に広がる専用工場や、調味料・野菜プロセスセンターです。特に、全国で 166 カ所ある専用工場は、様々な食品メーカーとのコラボレーションで作られています。SEJ は、他のコンビニに比べて四国や沖縄への展開は遅れたのですが、筆者は、SEJ 経営幹部の方から、「専用工場を先に作らないと店舗進出はしない」という話を聞いたことがあります。それほど、各地に広がる専用工場は SEJ の心臓部分なのです。SEJ 生みの親である鈴木敏文氏は、「セブン-イレブンこそ SPA（製造小売業）だ」[*18]と述べていますが、専用工場でメーカーと一緒になって開発された商品が非常に大きな収益源となっています。また、経営幹部の商品に対する

「こだわり」も並大抵ではありません。どこのコンビニや飲食チェーン店でも、新商品の試食は社長自らしていると思いますが、筆者は、同じくSEJの経営幹部の方から、今ではおにぎりの目玉商品になっている「塩むすび」は、鈴木敏文氏が自ら考案したと聞いたことがあります。同商品は、お米と塩だけのシンプルなものですが、逆に素材のよさや加工法に自信がないと店頭に出せるものではありません。筆者は、この「塩むすび」こそが、SEJの商品開発に対する強い「こだわり」の象徴だと思います。

　三つ目の「ドミナント・モデルによる効率的なロジスティックス体制」は、二番目のおにぎりや弁当、サンドウィッチ類のおいしさを支えている要因にもなっています。密度の経済のところで述べたように、SEJのドミナント出店と近隣に位置する専門工場や温度帯別共同配送センターとの間に、納品率が100％近い小口多頻度物流網が整備されています。そして、これらは、プラス20度の温度管理による配送（米飯類・パン）、フローズンによる配送（冷凍食品）、常温一括配送（ソフトドリンク・カップ麺など）、チルド配送（惣菜・牛乳・調理パンなど）というように、温度帯別に配送頻度の違う商品共同配送システムとなっているのです。このロジスティックス体制が、きめの細かい多頻度の発注を可能にし、商品のおいしさを保つことにつながっています。

　四つ目が、「街の台所としての集客力」です。セブン銀行によるATM、クリーニングや宅配便の取り次ぎ、葉書や切手の販売、マルチ・コピー機による住民票や印鑑証明の取得や各種チケットの購入、宅配預かりロッカーの設置など、コンビニ行けば、実際は「台所」以上の様々なサービスを受けることができます。筆者は、マルチ・コピー機の開発段階で、事務機には素人であるはずのSEJのマーチャンダイズ・スタッフの方々から様々なアイデアが出てきたと聞いて驚いたことがあります。フランチャイジーの店舗面積を1平米たりとも無駄にしないという執念で、SEJの一店舗当たりの集客力の大きさは、他のコンビニに

比べても群を抜いています。

そして、最後が、「卓越した商品力」や「街の台所としての集客力」を支えるチーム・マーチャンダイジング（チームMD）です。チームMDは、本部開発、地区開発、品質管理、原材料に分かれており、約80人の本社スタッフが、国内外メーカーや物流企業との外部パートナー約1,000人と商品開発の知恵を絞っています。SEJによると、このチームMDで、食品だけでなく雑貨も含め、毎週約100アイテムの新商品を生み出しているとのことです。

SEJは、これらの5つの要素がバリュー・ドライバー（価値の原動力）になって、流通小売業としては例を見ないほどの収益力を実現しています。例えば、他の大規模流通小売グループと営業利益率を比べてみると、セブン＆アイ　ホールディングスは6.4％（2020年度）で、ウォルマート（3.9％）やイオン・グループ（2.5％）よりも一段高い水準になっていますが、これがSEJ除きだと3.0％に下がり、イオン・グループとの差がほとんどなくなります。フランチャイズ・オーナーとの関係でSEJの高収益性はあまり強調されませんが、SEJ独自では約29％（2020年2月期）という小売業としては驚異的な営業利益率を誇っているのです。ただ、これまでは順風満帆だった「日本型CVS」ですが、ここ数年、一店舗当たりの売上高も下降気味で、さらにコロナ禍が売上の減少を加速させており、いくつかの構造的な課題が出てきています。

一つ目は、フランチャイジー（フランチャイズ店オーナー）との関係です。最近では、人手不足による24時間営業問題、食品の鮮度維持や価格維持のための食品の大量廃棄問題等をめぐって、SEJ本部とフランチャイズ・オーナーとの間でいろいろな軋轢が出てきています。鮮度管理を徹底するために、期限がきたものを廃棄することが大量廃棄につながり、ドミナント・モデルを採用しているために、一店舗の値引きが近隣の店舗へ波及するため、他のスーパーなどが取っている「夕方での食品値引きセール」ができない、といったマイナス面がでてきました。ま

た、筆者がSEJ店舗でアルバイトをしている学生に聞いたところ、コンビニのレジ業務以外に覚えなくてはならない業務が多くロードがかかっているとのことでした。集客のために提供する様々なサービスが人手不足に拍車をかけているのです。これらの人手不足を解消するためには、深夜業務やレジの無人化を中心とした業務全般のロボット化を推進していくことが喫緊の課題ですが、今までのSEJの成功要因だったビジネスモデルが十分機能しなくなってきています。

　二つ目は、EC（Electric Commerce：電子商取引）やキャッシュレス決済、顧客情報のビッグデータ化への対応です。SEJにおいても、リアルとオンラインを融合するオムニ・チャネル戦略を推進していますが、オムニ7などのECサイトの普及は十分ではありません。また、2019年のセブン・ペイの導入失敗も記憶に新しいところですが、最近では様々なキャッシュレス決済が可能なタッチ決済レジが導入されている店舗もありますが、未導入の店舗も多く見かけます。その上、顧客の買い物状況のビッグデータ化の鍵を握る電子マネーnanacoの普及も思うように進んでいません。

　三つめは、業態を問わず日本の流通小売業全体の問題ですが、高齢化による「買い物難民」への対応です。今後、お店まで買い物に行けない高齢者が増えてくることが予想されます。SEJでも、食事を配送するセブン・ミール、購入した商品を宅配するセブンらくらくお届け便、軽トラックによる移動コンビニであるセブンあんしんお届け便などを展開していますが、まだまだ普及しているとは言えません。移動コンビニの自動運転化でトヨタ自動車ともパートナーシップを組んでいますが、今後も「ネットコンビニ」による配送時間の短縮化などを行っていくことが至上命題となっています。

　このような課題の抜本的解決策は、「日本型CVS」のデジタル・トランスフォーメーション（DX）を行うことです。人手不足解消のためのロボット化、キャッシュレス決済推進や顧客の購買データのビッグデータ化、無人

移動コンビニや「ネットコンビニ」の導入など、いずれも大きな設備投資が必要です。しかし、問題は、すべてのフランチャイジーに同等の設備投資負担能力や ICT リテラシーがあるわけではないということです。そのため、今のフランチャイズ制のままでは、すべての DX 化がまだら模様で導入されることになり、また、直営店が中心のウォルマートやユニクロは、EC（ネット通販）の売上比率も機動的に増やしていますが、SEJ はフランチャイズ店の頭越しになる EC は全国的には導入できません。セブン＆アイ　ホールディングス全体としては、イトー・ヨーカドーがネット通販をやっているのですが、フランチャイジーのいるコンビニエンス・ストアとしては EC（ネット通販）の本格導入は難しく、これまで有効に機能してきたフランチャイズ制が負の方向に転ずる懸念があります。日本全国一律で同一サービスを展開してきた「日本型 CVS」というビジネスモデルも、今後はいくつかの刷新を行っていく必要があります。

❹ EC（エレクトリック・コマース）の台頭

　流通・小売業界にとって、おそらく 21 世紀に入って最大の変革者は、アマゾン・ドットコムやアリババ、楽天といった EC（エレクトリック・コマース）です。EC は「立地」というこれまでの小売業にとって致命的に重要な要素を超越しました。EC はインターネットやブロードバンド通信網の進歩があってはじめて可能になる小売ビジネスモデルですが、米国では「アマゾン効果」という言葉が流行する程、アマゾン・ドットコムによって旧来型のオフライン店舗は壊滅的な打撃を受けています。実際に、米国ではコロナ禍が始まる前の 3 年間で約 1 万店の実店舗が閉鎖に追い込まれているとのことですし、コロナ禍によって EC への流れは更に加速されることになりました。

　アマゾン・ドットコムは、1994 年にジェフ・ベゾス氏によって設立されました。最初は、書籍を扱う「オンライン書店」としてのスタートでした。ベ

ゾスは、書籍は腐らないし内容も同じだということで「オンライン」に一番適していると考えたからです。アマゾンは、設立3年後の1997年にNAS-DAQに上場し、2000年の米国におけるネットバブル崩壊で株価下落の窮地に陥ります。しかし、2002年に電子ショッピングモールであるマーケットプレイスを開始し、2005年にプライムサービス、2007年に電子書籍のキンドル（Kindle）を導入し、2008年にフルフィルメントサービス、レジのない完全無人化店舗であるアマゾン・ゴー（Amazon Go）を設立し、さらに2017年には、北米を中心に富裕層向けのオルガニック・フードなどを多く扱うホール・フーズ・マーケット（Whole Foods Market）を買収します。

　アマゾンの設立以来のビジネスモデルの基本は、ベゾス氏が設立当初に紙ナプキンに書いたといわれるもの**（図表3-17）**が有名です。これは、どんどん成長することにより低コスト構造を構築し、それを顧客に還元して低価格を享受してもらうことによって顧客経験（カストマー・エクスペリエンス）価値を上げ、さらにそれによってオンラインでの来店者が増え、それによって出品者（売り手）が増え、より多くの品揃えによって顧客経験価値がさらに大きくなる、といった顧客経験価値を中心にしたスパイラル・アップを意味しています。これは「アマゾンのフライホイール（Flywheel）」と呼ばれていますが、フライホイールは、「はずみを利用して回転を持続させ回転の速さを一定にするために回転軸に取り付ける重い車輪」のこと

図表3-17 ジェフ・ベゾスのビジネスモデル・メモ

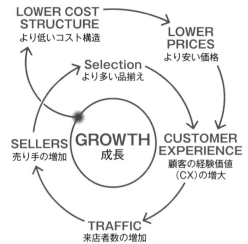

翻訳は筆者

で、アマゾンでは常にこの車輪によって凄まじい勢いでビジネスが回っていることになります。

　ベゾスは、設立当初から「地球上で最も顧客第一主義の会社」を標榜し、フライホイールによってビジネスを回すために、利益のほとんどを、ロングテール実現のためのフルフィルメント・センターの構築や、ラスト・ワンマイル問題解決のためのドローンや電子ロッカー、買い物の利便性向上のためのボイス・コマース（Echo による音声注文）やダッシュボタンの開発などの、物流投資や研究開発投資に充てています。その結果、サイズがあって EC に適さない衣服や靴、すぐに腐るために取り扱いが難しい生鮮食料品、通常は処方箋薬局でしか買えない個人別に小分けにした処方薬など、品揃えを一気に拡大し、今や「エブリスィング・ストアー（Everything Store）」としての地位を確立しました。

　アマゾン・ドットコムは、EC だけでなく、世界一のクラウド・コンピュータ・サービス（AWS）や映像・音声のサブスクリプション・サービス、25 種類のゲームがやり放題のゲーム・クラウドサービス、グーグルやフェイスブックに続く広告ビジネス、アマゾン・レンディングなどの金融ビジネス、更にベゾスが個人的に展開する宇宙ビジネスなど、非常に多くの分野に進出しており、それぞれが様々なビジネスモデルで動いています。さながら、ビジネスモデルのデパートメント・ストアといったところでしょうか。しかし、これらの多元的なビジネスの「フライングホイール」（稼働の原動力）となっているのは、ビッグデータ化された顧客情報と AI（人工知能）による分析ではないかと思います。

　日本市場においては、アマゾン・ドットコムとともに楽天市場やヤフーショッピングも健闘しており、経済産業省の「電子商取引に関する市場調査」（2019 年）によると、物販系だけでも 10 兆円を超す規模にまで成長しています。しかし、全流通取引量からみればわずか 6.8％にすぎず、まだまだ伸びる余地が十分にあります。また、2020 年からの

コロナ禍で今まで EC 化率が低かった食品や医療品の分野でも売上が大きく伸びており、今後の更なる成長が期待されます。

5 オンラインとオフラインの融合（OMO）と リアル店舗の「基地局化」

アマゾン・ドットコムが、Amazon Go という無人店舗を設立し、ホール・フーズ・マーケットというオフライン実店舗を買収したのとは逆に、ファーストリテイリングやセブン＆アイ・ホールディングスのようにオフライン実店舗小売業が EC を始めるように、従来型のオフライン実店舗とオンライン店舗の持っている便利な面を融合する動きが出ています。顧客サイドにおいても、ネット注文を前提として実店舗で実物を確認したり試着したりする「ショールーミング」や、実店舗での受け取りを前提にネットで情報を収集して分析する「ウェブルーミング」など、オンラインとオフラインの世界を行き来して最適のショッピングを行うようになってきています。

マーケティング学者のフィリップ・コトラーは、小売業におけるデジタル・トランスフォーメーション（DX）を「リテール 4.0」と称し、「オンライン・チャネルとオフライン・チャネルの相互補完は、小売業界の未来に向けたカギである」と述べています[*19]。コトラーによると、「リテール 1.0」はセルフサービス式店舗によって始まった定価表示、パッケージ化された商品が並ぶ陳列棚などが特徴的なスーパーチェーンなどによる小売改革。「リテール 2.0」はエブリシング・アンダー・ワンルーフ（すべて一つの屋根の下）という概念のもとのショッピング・センターやショッピングモールなどによる小売改革。「リテール 3.0」はアマゾン・ドットコムに代表される EC（エレクトリック・コマース）による小売改革です。コトラーは、オンラインとオフラインの融合（OMO：Online Merges with Offline）を EC の次に来る大きな小売変革

と捉え、顧客ビッグデータの重要性とともに、EC と実店舗や宅配サービスを組み合わせた次の 5 つの「バウンドレス（境目のない）」な融合形態を示しています。**（図表 3-18）**

① クリック・アンド・サブスクライブ

　オンラインで、定期購入（サブスクリプション）またはオン・デマンドの形式で、商品・サービスを購入する。

② クリック・アンド・コレクト

　オンラインで購買し、商品は（当該企業または第 3 者の）実店舗で受け取る。

③ クリック・アンド・コミュート

　オンラインで購入し、商品は通勤途中の駅や販売店（コンビニなど）で受け取る。

④ クリック・アンド・トライ

　一連の商品をオンライン注文し、売買を完結させる前に、店舗また

図表 3-18 オンラインとオフラインの融合（OMO）

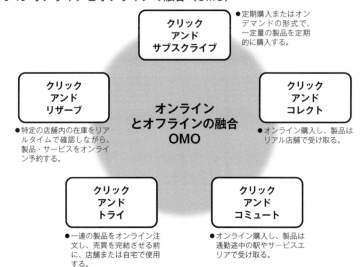

出所：フィリップ・コトラー他著（2020 年）「コトラーのリテール 4.0」朝日新聞出版を参考に筆者作成

は自宅で試用する。

⑤　クリック・アンド・リザーブ

　　特定の店舗内の在庫をリアルタイムで確認しながら、商品・サービスをオンラインで予約する。

　これらの新たな融合は既に始まっています。特にクリック・アンド・サブスクライブは、既にサブスクリプション・サービスのところで述べました。二番目のクリック・アンド・コレクトは、既に実店舗を多店舗展開しているチェーン店で有効です。特に、フランチャイズ制を採っている多店舗チェーンでは、フランチャイジーの頭越しに取引が成立する EC は好ましくないのですが、「コレクト」をフランチャイズ店にすることによってウィン・ウィンの関係が成立します。例えば、アパレルで新市場を開拓したワークマンは、フランチャイズ店との共存共栄を図るために、大手 EC から撤退し、自社サイトのクイック・アンド・コレクトに切り替えています。三番目のクリック・アンド・コミュートは、クリック・アンド・コレクトの変形版ですが、これによってコンビニの存在価値が高まりますし、駅などに設置された宅配ロッカーでピックアップできるようになるとユーザーの利便性は向上します。四番目のクリック・アンド・トライは、衣服や靴などのように個人のサイズ問題がある場合に有効です。ZOZOTOWN は ZOZO スーツを作って会員のボデイ・サイズのビッグデータ化にチャレンジしましたが、最近では、3D スキャナーなどが設置されている店舗も増えてきています。五番目のクリック・アンド・リザーブは、後に述べるオン・デマンド・プロダクションと一体運用して「作りすぎによる過剰在庫」を防ぐことに有効です。

　このようにオンラインとオフラインの融合が進む中で、中心になってきたのが「顧客の経験価値」という概念です。アマゾンのベゾス氏が示したビジネスモデルの中でも「カストマー・エクスペリエンス（Customer Experience：CX）」という言葉が使われているように、顧客にいろいろと体験してもらうことによって価値を生み出していこうという考え方です。例えば、スターバックスは単にコーヒーを売っているのではなく「リラックスした空

間」を体験してもらって価値を出していますし[20]、化粧品などでも VR
（Virtual Reality：仮想現実）や AI を使って実際に商品を使った体験をし
てもらって価値を出しています。このように顧客の経験価値を重視する中
で、一部のオフライン実店舗の役割は、「在庫したものを売る」から「商品
を体験してもらう場」に変わってきています。アップル社は直営店舗から
ストアの文字を取り、「アップルストア銀座」から「アップル銀座」に変
え、様々な技術サポートや顧客の希望に応じたカスタマイズなどの相談に
のっています。そして、ナイキのニューヨーク・ソーホー（SOHO）店で
は、実際のジョギング風景を大画面に映し出してトレッドミルを走りジョギ
ングシューズを調整し、バスケット・ボールをしながらシューズを体験でき
るようになっています。このようにリアル店舗は、顧客に商品を体験しても
らい、様々な顧客データを収集する「基地局」に変わってきているのです。

　また、この実店舗の「基地局」化やショールーミングなどの顧客行動を
前提にした新しいビジネスモデルも出てきています。b8ta（ベータ）は、
2015 年に米国カルフォルニア州で設立されたスタートアップ企業です。
b8ta（ベータ）は実店舗を構え、店舗内を区画化し様々なアイデア商品を
開発するメーカーに展示スペースを貸し出しています。出店料として月々
の固定費を課金しますが、商品が売れた際には b8ta（ベータ）がマージ
ンを取るということがありません。店内には何台かのカメラで設置されて
おり、顧客の行動や反応をモニターすることができ、モニターから得られ
る情報を分析し、展示者に提供します。来店者からすればショッピング・
エクスペリエンスを体験することができ、展示者からすれば貴重な顧客
データを蓄積することができます。同社は、2020 年に日本へ進出してお
り、有楽町（有楽町電気ビル 1F）と新宿（新宿マルイ本館 1F）に 2 店舗
をオープンしました（2021 年 3 月末時点）。そして、これら小売業の新た
なビジネスモデルを取り込んで「カスタマー・エクスペリエンス（CX）」
の場を提供しているのが丸井グループです。丸井グループは、b8ta
（ベータ）日本法人に出資、新宿マルイ本館 1F に同店舗を誘致しまし

た。同店舗では、ちょっと気の利いた身の回り品、雑貨・小物類、手軽に使えるデジタル機器といったガジェット商品*21 を揃えています。筆者もこの店舗に行ってみましたが、「アップル新宿」と同じフロアーで、さながら新宿マルイ本館1階は「店舗の基地局化」のショールームのようです。

また、丸井グループでは、個人やSMBにフォーカスしたネットショップ作成サービスを運営するBASE（ベイス）とも協業しています。BASE（ベイス）は、2018年から渋谷マルイに常設店舗「SHIBUYA BASE」を構えていましたが、2021年6月に、渋谷モディの1階に移転し、更にスペースを拡大しフードスペースも設けています。いまや丸井グループは、b8ta（ベータ）やBASE（ベイス）と組んで、日本の流通・小売りの最先端を走っています。**（図表 3-19）**

図表 3-19 丸井グループが挑戦する新たなビジネスモデル

新宿マルイ本館 1F にある b8ta（ベータ）店舗
隣にはアップル新宿も入っており、若いデジタル世代を惹きつける

SHIBUYA BASE は 2021 年 6 月にさらにスケールアップして渋谷モディ 1F に移転

渋谷モディ 1F の SHIBUYA BASE
写真は丸井グループ広報室提供

新たに設けられたフード・スペース

6 D2C（ダイレクト・ツー・シー）という新たな潮流

このようにしてEC（エレクトリック・コマース）やオンラインとオフラインの融合（OMO）、さらには実店舗の「基地局」化は、小売業に大きな変革を迫っています。ECは21世紀に入って、アマゾンやアリバ

バ、楽天市場といった大手ECサイトの力によって、地理的な制約を乗り越えて一気に商品を拡販できる利点はあります。しかし、その反面、出品者やメーカーからすると、自社の商品がコモディティ化する危険が常につきまといます。例えば、同じ生活用品や嗜好品でも出品者によって価格が違いますし、当然ユーザーは最安値の出品者から購入するわけで、それによって価格低下が起こることは避けられません。そこで登場したのが、D2C（Direct to Customer：ダイレクト・ツー・シー）です。

　D2Cは、「自らがメーカーでありオリジナルブランドを持つ企業が、自社の製品を直接顧客に販売するモデル」だと定義できます。その特徴としては、①自らがメーカーとしてのブランドを持っている、②小売業を通さずに自社の商品を直接顧客に販売する、③ICTを活用する、④SNSなどを通じて顧客と高密度のコミュニケーションを図る、といった点が挙げられます。米国における代表的な例が、寝具のキャスパー（Casper）です。同社では、「睡眠Tech」を通じて睡眠を科学し、顧客に寝室体験車などの睡眠体験の場を提供し、若者世代などの睡眠に熱心なユーザー層をSNSでネットワーク化し、低価格で高品質な寝具を直接提供しています。これ以外でも、メガネのWarby ParkerやスニーカーのAllbirds、スーツケースのAWAY、化粧品のGlossierなど、次々とD2Cで販路を拡大するメーカーが増えています。これらの動向は、製造業のところで述べるメーカーズ・ムーブメントやマス・カストマイゼーションといった「作る側」のビジネスモデルの変化にも呼応したものと言えます。また、大手メーカーにおいても、ナイキやルイ・ヴィトン、資生堂やキリン、ワークマンなど、アマゾン・ドットコムや楽天などの大手ECサイトを「素通り」するケースが増えてきています。

　そして、このようなD2Cビジネスを支援する新たなビジネスも出てきました。カナダ発で欧米を中心にビジネスを広げ日本にも上陸しているShopify（ショッピファイ）です。ショッピファイは、企業のECサイトの開発・運営を手掛ける企業で、ウェブ・サイトの制作から、ネット決済の

仕組み、ユーザーとのコミュニケーション、顧客データ分析などを支援してメーカーなどがD2Cを円滑に行うことを支援しています。ショッピファイの時価総額は10兆円を超えており、既に、ナイキやルイ・ヴィトン、ウォルマートといった大手顧客と組んで実績をあげています。日本でも既に紹介したEC構築支援企業のBASE（ベイス）は、2012年に設立された新興企業ではありますが、既にネットショップの開設数が150万を突破しており（2021年6月1日時点）、EC構築支援ビジネスを加速させています。

　また、大日本印刷（DNP）といった大手企業も「D2C支援サービス」を始めています。D2C支援サービスのカギになるのは、いかにカスタマー・エクスペリエンス（CX）を高めて、顧客ライフタイム・バリュー（LTV）の増大を図るかということです。大日本印刷の場合は、大きく事業戦略サポート、CXデザイン・デジタルマーケティング、オペレーション・サポートとプロモーション・サポートに分かれていますが**（図表 3-20）**、同社はもともと高度な印刷技術を持っており、これらを応用した新たなビジネスモデルへのチャレンジだと言えます。

図表 3-20 大日本印刷（DNP）の D2C 支援サービス

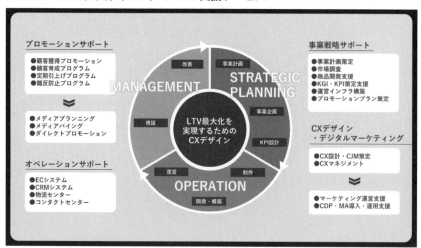

D2C（Direct to Consumer）支援サービス｜ソリューション／製品・サービス｜ DNP 大日本印刷のウェブサイトより抜粋

第9章

製造業における
ビジネスモデルの変遷

もし顧客に、彼らの望むものを聞いていたら、
彼らは「もっと早い馬が欲しい」と答えていただろう。

ヘンリー・フォード

❶ 垂直統合と水平分業

　本章では、製造業（メーカーズ）におけるビジネスモデルの変遷について述べていきます。製造業は間違いなく、歴史上最も古い業種の一つです。19世紀後半から20世紀にかけて、鉄道、電信、海運などのインフラストラクチャーが整備され、テイラーの科学的管理法やファヨールの管理過程論などを経て、家内制手工業から脱して本格的な大量生産に転じたのは、自動車産業におけるT型フォードの大量生産からでした。ヘンリー・フォードは、テイラーの科学的管理法を実践した「フォード生産システム」により、「分業」と「流れ作業」を徹底して、低コストのT型フォードを発売し、それまで一部の富裕層にしか所有できなかった自動車を大衆に広め、モータリゼーションへの大きな波を起こしました。
　ヘンリー・フォードは、すべての工程をできるだけ自社内で行う「垂直統合」を志向し、原料である鉱山業から鉱石運搬業、鉄鋼業までも始め、タイヤ用のゴムも自社で生産しようと、農園開発にまで手を伸ばしました。T型フォードは黒一色で、色のバリエーションがなかったのですが、1908年から1927年までの19年間で1,500万台が生産・販売されました。**（図表3-21）**
　垂直統合は、バリューチェーンの上流から下流までを自社内で完結させよ

図表 3-21　T型フォードの生産

T型フォード　　　　　　　　　　　　ハイランド工場内の世界初の生産ライン

うというビジネスモデルですが、水平分業は、製品開発から調達・組立、販売などのバリューチェーン活動を一社で完結するのではなく、異なる企業が得意分野で協力するビジネスモデルです。第2部において、製造業のスマイル・カーブ、半導体産業におけるファウンドリ・サービスやファブレス企業の紹介をしました。電子・電機産業においても、米国シリコン・バレーを中心に、1990年代くらいから、EMS（Electric Manufacturing Service）に製造を委託する企業が増えてきました。EMSとは、「電子機器の受託生産を専門に行う企業で、製品の設計から調達・購買、量産、試験、流通、販売後の修理などを総合的に請け負う能力を持つ事業者（IT用語辞典より）」と定義され、様々な大手メーカーから製品の大量生産を受託して「規模の経済」を働かせることによって、生産設備や人員の稼働率を上げ、その量を武器に部品コストも下げていくといったビジネスモデルです。世界的には、iPhoneの製造受託で有名になったFoxconn（鴻海精密工業）や、シンガポールで創業されフレクトロニクスから社名変更したFlex（フレックス）、米国大手のJabil（ジェイビル）といったEMSが有名です。さらに、製造だけでなく企画・設計も含めて受託するODM（Original Design Manufacturing）サービスも広く普及しています。日本からは、世界的なEMS企業は出ていません。しかし、iPhoneを企画・デザインするアップル社と、製造を受託するFoxconnの親会社である鴻海精密工業（ホンハイ）では利益率が全

く違いますし、Foxconn の社員は過去に過重労働でストなどを行っています。EMS というビジネスモデルは決して楽なものではありません。

　電子・電機産業のようにグローバル市場で戦っている企業にとっては、研究・開発（R & D）から販売、保守・サービスまでのバリューチェーン活動を誰がどの地域や国でやるのかが重要です。研究・開発やデザイン活動は非常に付加価値が高いので母国で行う傾向が強く、パーツや部品は様々な国や地域に分散されたベンダーから調達し、製造や組み立ては EMS などに委託して市場の近くで適地生産、ブランディングなどのマーケティングは本社や地域本社、販売は個々の市場の中でチャネルを模索し、保守・サービスはコールセンターを除き個別市場に分散するという形で、グローバルに水平分業を進めています。

　このように進む水平分業ですが、最近では重要な価値創造源である半導体開発を自社で行おうという動きがあります。一つ目は、アップル社がPC（Mac）の半導体を自社開発の CPU に切り替えていくと発表したことです。既に同社では、iPhone や iPad などのモバイル端末の CPU は自社開発のものを使っていますが、デバイス間の連携を深めるためにも全て自社開発の半導体を使っていくと発表しています。アップル社は、もともとOS などはすべて自社開発しており、垂直統合志向が強い会社ではありますが、グーグルでも、デザインハウスやファウンドリを手配して各社が半導体チップを自前で作れるようになるカストマイズ半導体製造プロジェクトを立ち上げています。半導体産業は、元来、設計を行う企業、製造だけを行う企業、製造装置を作る企業、流通・販売を行う企業、材料を作り供給する企業といったように非常に細分化された水平分業が進んでいましたが、半導体開発は自前で行って専用半導体を作っていく動きが見られます。

❷ オープン・イノベーション

　製造業のビジネスモデルを考えるにあたって一つのマイル・ストーンに

なったのは、ヘンリー・チェスブロウ教授の唱える「オープン・イノベーション」の考え方です。チェスブロウ教授は、オープン・イノベーションを「企業内部と外部のアイデアを有機的に結合させ、価値創造すること」*22 と定義しています。また、従来型のイノベーション創出法を「クローズド・イノベーション」と呼び、これから企業が志向すべきイノベーションを「オープン・イノベーション」と名付けました。従来型のクローズド・イノベーションでは、企業はイノベーション創出のアイデアを自社内に止め、すべてを自社で行おうとする内向きモデルで、優秀な人材を雇い、知的財産を他社から守り模倣されないようにします。それに対して、オープン・イノベーションは、自社内のアイデアと他社（外部）のアイデアをオープンに交流させてイノベーションを創り出していこうという試みです。オープン・イノベーションでは、人材は自社内だけではなく広く外部の人材もネットワーク化しコラボレーションする体制を作ります。そして、知的財産についても柔軟に考え、自社の知的財産を積極的にライセンスや無償供与したり、他社の知的財産を購入したりします。チェスブロウは、ゼロックス社を旧来型のクローズド・イノベーションの代表例として、関係者にインタビューを重ねます。そして、ゼロックス社からスピン・オフして成功した 3Com や Adobe、Metaphor といった企業は、結局ゼロックス社のビジネスモデルでは花開くことはなく、スピン・オフ後の新たなビジネスモデルによって育っていったと結論づけています。

　このような実証体験から、チェスブロウは新たな技術やイノベーションを事業化するためには確固たるビジネスモデルが必要だと唱えました。さらに、多くの企業において、ビジネスモデルとの連携がなくて利用されていない知的財産（アイデアやテクノロジー）が多数存在するという問題意識を持ちました。同教授は、「おそらくは特許化されたテクノロジーの75％から95％が活用されずに死蔵されている」*23 と述べています。

　同教授は、オープン・イノベーションを考えるにあたっては、外から技術を持ってくる「課題解決型」と、保有技術の使い道を探す「ニーズ検索型」

の2つの方法があると説きます。「課題解決型」は、社外のアイデアを社内に取り入れる「アウトサイドイン」で、この場合は、社内にある NIH（Not Invented Here：当社で発明したものではないので使いたくない）症候群を克服しなければならない。「ニーズ探索型」は「インサイドアウト」で利用されていない社内のアイデアやテクノロジーを社外に提供するもので、この場合には、社内にある NSH（Not Sales Here：自社で売らないので提供したくない）症候群に打ち勝たなければならないということです。そして、これらに打ち勝った上で、イノベーションを事業化するために、M&A や技術供与、ライセンシング、別会社化（スピン・オフ）などによって、そのイノベーションに合致したビジネスモデルによって収益化していくということになります。最初の外から技術を持ってくるケースは「技術探索型」といってもよいと思いますが、外部技術を探索するということ、「ニーズ探索型」は今ある自社技術をいかに活かすかという問題になります。（**図表 3-22**）

図表 3-22 オープン・イノベーションの種類

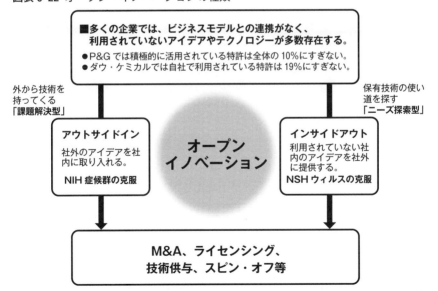

出所：ヘンリー・チェスブロウ著（2004年）「Open Innovation」産業能率大学出版部をもとに筆者作成

　オープン・イノベーションで有名な企業としては、米国ではプロクター&ギャンブル（P&G）、日本では味の素や東レが挙げられます。P&Gは、Connect and Develop（コネクト・アンド・デベロップメント）と呼ばれる仕組みを通じて、世界の企業や研究機関などと、製品や、新規技術、新ビジネスモデルの開発を行っています。

　味の素は、アミノ酸を中核とするコア技術を開示し、オープン&リンクトイノベーション（Open & Linked Innovation）によって外部企業や大学、研究機関とのコラボレーションを推進しています。同社では、オープン・イノベーションの手法として、①企業トップ同士の外交による協業プロジェクト、②国家プロジェクト・各種コンソーシアムへの参加、③自社独自での技術テーマの公募・技術の売り込み、④仲介業者を通じた技術公募、の4つを掲げ、東レやブリヂストンとのコラボレーションでも成果を上げています。

　東レは、ユニクロとのアパレル新素材のコラボレーションでヒートテックやエアリズムを生み出したことは有名ですが、21世紀に入り、早々に「自前主義からの脱却」を掲げ、オープン・イノベーションを推進してきました。同社は、オープン・イノベーションを、①二者間連携、②技術育成型連携（ナショプロ、技術研究組合型）、③サプライ・チェーン連携、④社外技術導入型連携の4つに類型化して、「技術探索型」と「ニーズ探索型」の両方を進めています。

　また、技術開発をする企業同士や企業と個人研究者をつなげるオープン・イノベーション・プラットフォームも次々と設立されています。2001年に設立された米国InnoCentive（イノセンティブ）は、解決すべき研究課題を持つ組織と、その課題解決に必要な知識を持つ世界中の研究者たちとの仲介を行っています。同サイトに研究課題を掲げた企業をSeeker（探索者）、リストされた研究者をSolver（解決者）と呼び、問題解決した場合は、SeekerからSolverに報奨金が支払われます。また、米国NineSigma（ナインシグマ）は、日本にも法人がありますが、世界105ヵ国の研究機関、大学、ベンチャー企業に在籍する250万

人以上の研究者や技術者と、世界で800社を超える企業をつなげて、5,000件以上のオープン・イノベーションを実現しています。

　その他にも、Agorize（アゴライズ）はフランスに本社があるオープン・イノベーション SaaS といわれる会社で、世界500万人のイノベーターをネットワーク化し、フランス政府やシンガポール政府、世界250社以上のリーディング企業のオープン・イノベーションを支援しています。日本でも、株式会社グローバが Agorize Japan を運営しており、森永製菓や日産自動車、NTT データなどを支援しています。パーソルイノベーション株式会社傘下の eiicon company（エイコンカンパニー）は AUBA というオープン・イノベーション・プラットフォームを運営しています。6,000社以上の企業が登録しており、既に5,000件以上のマッチング実績があります。また、株式会社サーキュレーションの運営する Open Idea は、10,000人以上の登録されているプロ研究者たちがアイデアを出し合い、企業の新規事業の立ち上げを支援しています。

　このようなオープン・イノベーション・プラットフォーマーを通じて、チェスブロウの言う「課題解決型（技術探索型）」のイノベーションが生まれる機会は大きくなってきていると思います。しかし、いま自社にある技術やプロダクト・イノベーションをどのように活かすかといった「ニーズ探索型」については、これらのプラットフォーマーだけでなく、その新技術をどのように事業化するかといった視点が必要で、アントレプレナー（企業家）の目利き力や収益化するためのビジネスモデルが必要になってきます。

３ オープン・サービス・イノベーション

　チェスブロウ教授は、オープン・イノベーションの次にくるものとして「オープン・サービス・イノベーション」を提唱しました。製造業の世界では、インターネットの普及や製造技術の成熟化、新興国企業の市場参画などによって、製品のライフサイクルがどんどん短くなり、差別

化したつもりで出した製品も瞬く間にコモディティ化（素材化して差別化できない状態）してしまう事態が頻発します。同教授は、これをコモディティ・トラップ（コモディティ化の罠）と呼んでいます。さらに筆者なりに解釈すれば、シェア争いによって規模の経済を追求し、大量生産・大量消費をしてきた結果、コモディティ化したモノがあふれ、一つ一つの製品の稼働率は低いままで、大量の廃棄が発生します。このような状況の中では、「発展を遂げた企業や経済にとって、さらなる繁栄への道はサービス分野にあり、それを刷新し、構築するため、ビジネスを再考する必要が出てきている」ということです*24。ここでいうサービスとは、理容業とか接客業といったサービス業ではなく、製造業そのもののサービス化（Manufacturer as a Service）を意味します。レビットの「ドリルの1/4インチの穴」は既に紹介しましたが、レビット流にいうならば、サービス化とは、ドリルという製品を売るのではなく、「穴をあける」という便益をサービスとして提供することになります。顧客は、穴があきさえすればよいのであって、別にドリルを買う必要はないのです。例えば、ヒルティ（Hilti）は世界的な電動工具メーカーですが、ドリルなどの電動工具製品を売るだけでなく、プロ工務店向けに工具一式の管理サービスを提供するフリート・マネジメント・サービスも行っています。

　物販のビジネスモデルの中では、通常、自家用であれば買った製品の稼働率は非常に低くなります。買っても使われる頻度は非常に少ないということです。自家用自動車の場合で稼働率は平均3〜5%くらいで、筆者の経験では、複合機も稼働率は5%程度でした。ドリルの例でいえば、個人の場合、おそらく余程の工作マニアでない限りは、何年（あるいは何十年）も所有している中で、のべ数日間しか使われていないでしょう。このような状況では、メーカーの思惑と顧客の便益はだんだんと乖離してくることになります。メーカーは買い替え需要を狙ってセールスを繰り返すのに、顧客の反応は次第に鈍くなります。それでも、

B2C ビジネスの場合は、個人の嗜好や所有欲（これもだんだん薄れて
きていますが）があるので、使用頻度の少ないモノでも購入することは
あります。しかし、B2B ビジネスの場合は、経済合理性で判断する
ケースが多いので稼働率の低いモノの価値は下がり、「物販」の世界で
は、プロフェッショナル購買部門や間接費削減コンサルなどによって徹
底的に価格が叩かれ、競争入札によってレッドオーシャンの競争が繰り
広げられることになります。これを打開するには、顧客の問題解決を目
指す「サービス化（As a Service）」に舵をきっていく必要があります。

　サービス化の意義について、チェスブロウ教授は、「サービスの取引
では、サービス提供者の仕事は顧客のニーズが満たされるまで終わらな
い。このため企業は多くのやり取りの中で、顧客生涯価値（ライフタイ
ム・バリュー）について考えなければならない。これが顧客について学
ぶきっかけとなり、時間が経つにつれて顧客に対する知識も増える。満
足度を高め、ライバルに鞍替えさせないようにして、満足した顧客から
もっと価値を引き出せば、カスタマイズ化されたソリューションが生ま
れるかもしれない。」と述べています[25]。オープン・サービス・イノ
ベーションによる事業のサービス化は、顧客との関係を再構築して、コ
モディティ・トラップから逃れる絶好の機会になります。

　チェスブロウ教授は、「オープン・サービス・イノベーション」の中
で、ゼロックス社のマネージド・プリント・サービス（Managed Print
Service：以下 MPS）の例を挙げています。筆者は、この MPS を日本
に導入する際の大手営業の責任者でしたので、この事例でサービス化の
意義や注意点について考察してみたいと思います。

　冒頭部分でも紹介しましたが、1959 年にゼロックス社が XEROX 914
という世界で初めての普通紙複写機（PPC）を発売しました。発売当時
は、機械本体のコストが高かったため、市場を大手企業に絞り、売り切
りではなくレンタル制からビジネスを始めました。しかし、その後、キ
ヤノンやリコーといった日系メーカーの市場参入によって、普及機市場

が大きく開拓されてくるにしたがって、本体は売り切り（あるいはリース）、消耗品・機械修理といった補完商品・サービスは「一枚当たりいくら」といった従量課金制度が一般的になってきます。製品自体は、カラー化、デジタル化、ネットワーク化によって進化していくのですが、本体についてはリース会社を経由したリース契約の比率が多くなった程度で、メーカー（供給側）にとっては同じ「売り切り＋従量課金」は変わらない状態が続きます。

　しかし、21世紀に入ると、複合機も次第にコモディティ・トラップに陥ってきます。ほとんどの企業に複合機が導入され、メーカーは買い替え需要を狙って営業をかけるのですが、機械本体を買い替えてもらうたびに従量課金のコピー料金が下がってきます。また、官公庁や民間大手企業においては、必ず競争入札となり、本体価格もコピー料金も加速度的に下がっていく状態が続きます。さらに問題なのは、特に大手顧客においては、メーカー各社やその代理店による乱戦が続いた結果、多数のメーカーの様々な機種や契約の複合機やプリンターが同一企業内に混在し、紙の書類が拡散し、顧客にとってそれらを管理するための間接費が膨大になっていたことです。メーカー各社やその代理店は、一台でも多くの複合機やプリンターを売り、一枚でも多くのコピーを取ってもらう、というドミナント・ロジック（dominant logic）でレッドオーシャンの競争を展開していました。しかし、顧客、特に顧客の管理部門は、できるだけ間接費を削減し、紙媒体を少なくすることにより環境問題にも応えていきたいというニーズがあり、メーカーの思惑と顧客ニーズが大きく乖離する事態となりました。

　このような状況を打開するために登場したのが、マネージド・プリント・サービス（MPS）です。MPSは、複合機やプリンターといった顧客の出力機の最適配置や書類の電子化を実現し、出力業務全体を管理し、出力枚数をできるだけ削減し、間接費を削減していく統合サービス契約です。米国では、他社の出力機器も管理していくマルチベンダー・

サービスが主流でしたが、日本では完全なマルチベンダー・サービスは実現できませんでした。しかし、これによって、紙媒体へのコピー枚数を削減し、書類の電子化によって顧客の検索コストや管理コストを削減していくといった目的は、顧客とメーカーの間で一致することになりました。また、あまり大きな声では言えませんでしたが、サービスへの移行は、当時、複合機の販売を各地域の有力代理店に大きく依存していた競合メーカーの弱点を突く戦略でもありました。MPS が本当に有効なのは、事業所やフロアーごとではなく企業丸ごとのプリント・コストを経営陣にも見えるようにして、一社丸ごと間接費を削減していくことです。大手顧客は、日本全国に工場や事業所があるために、競合メーカーではそれぞれ担当している代理店が違い、調整に時間がかかると考えました。**(図表 3-23)**

図表 3-23 大手顧客における複合機のサービスモデルへの転換

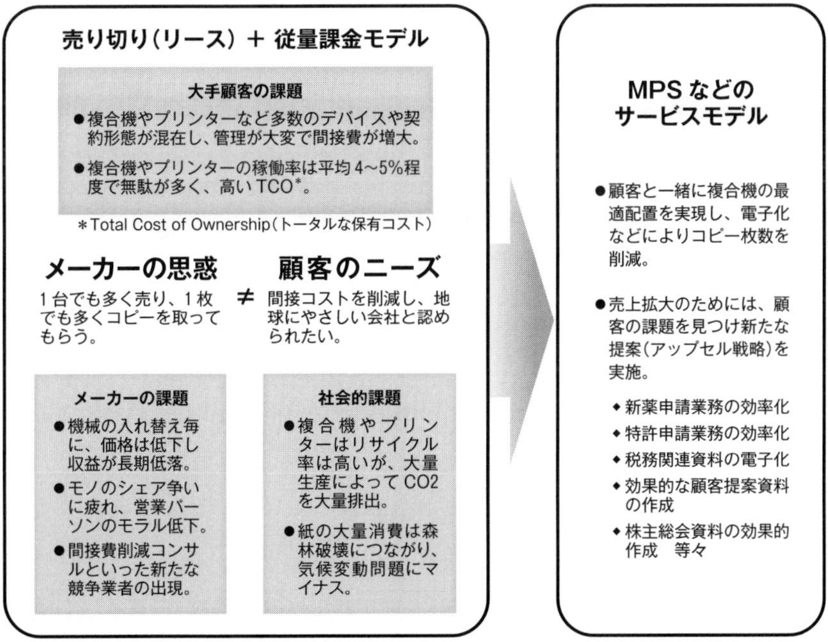

筆者作成

　ただ、このサービスモデルの適用にはいくつかの注意が必要です。一つ目は、徹底的に顧客のコストダウンを追求するモデルなので、この契約だけでは毎年提供側（サービス・プロバイダー）の売上も減ってしまいます。したがって、顧客の業務プロセスに入り込み、顧客と一緒になってよりカストマイズした形で新たな価値提案をしていく必要があります。業務プロセスと言うのは、ある意味では「情報の流れ」です。企業の中には、数値情報のような構造化情報と、文書や写真・図面といった非構造化情報がありますが、全体の80％を占める非構造化情報は紙として企業内に散逸しています。これを電子ファイル化して必要な時に検索して活用できれば企業（顧客）の生産性は大きく向上すると考えました。MPSはそのための入り口に過ぎず、次の提案がなければ、MPS契約自体が再びコモディティ化してしまうことになります。

　二つ目は、正しい顧客層にコンタクトするということです。当時は、できるだけ経営層に提案する「Cレベル・アプローチ」を心がけました。ここでいうCというのは、CEOやCFO、CMO、CTOといったそれぞれの執行部門の責任者（CXO）のことです。この提案は、顧客の管理コストを減らし業務の効率化を図っていくことが主目的ですので、管理部門や管理子会社の担当者では、自らの仕事が侵されると誤解し、提案がそこで止まってしまいます。そのため、提案の初期段階では役員レベルの役職者が同行して、自らCレベル・アプローチを実行する必要がありました。

　そして、三つめは、メーカー企業のトップ自身がイニシアティブを持ってやっていかなければ、サービス化はすぐに頓挫するということです。メーカーには、一台でも多く製造するという従来からのドミナント・ロジックが強烈に刷り込まれています。また、サービス化によって売上や販売台数が一時的に落ち込むことがあります。そのため、経営管理指標を、期間損益（売上・粗利）や期間内の販売台数といった旧来型指標から、顧客ライフタイム・バリュー（LTV）に基づいた新たな指

標に変えていく必要があります。このように、サービス化にあたっては、企業トップ自らのリーダーシップが必要になるのです。

　図表 3-24 では、売り切りモデルとサービスモデルの長所・短所を挙げましたが、B2B ビジネスにおいては、サービス化への流れが急速に拡大しつつあります。コンピュータ産業におけるクラウド・サービス（SaaS、IaaS、PaaS）の事例は既に紹介しましたが、自動車においても、B2B 市場では「フリート・マネジメント・サービス」が広く普及しています。これは法人が従来まで所有するかリース契約をしていた社用車両などを、販売するのではなく、安全運転講習や保険なども含めた車両管理業務全般を請け負って、コスト削減を目指すサービスです。世界的には、フリート・マネジメント・サービスは非常に大きな市場に育っていますが、日本でも、オリックス自動車などのカーリース会社やカーレンタル会社がフリート・サービスに進出しており、2019 年にはクルマ部品の大手であるデンソーが、フリートオペレーションサービス

図表 3-24 サービスモデルのメリット・デメリット

	売り切りモデル	サービスモデル
メリット	• 資金の回収が（相対的に）早く、バランスシートが軽くなる。 • 生産面で規模の経済が効く。（相対的に生産量は増える） • 特約店を使いやすく大量販売しやすい。 • 旧来型の営業評価が通用し、クローズまでの時間が（相対的に）短い。	• 顧客ロイヤルティの維持がマーケティング上の最大関心事になる。（より顧客志向になる） • 顧客の業務を知ることができるため、営業の質やモラルが高まる。 • ムダな生産を減らすことができ、CO_2 の削減につながり、気候変動問題に貢献できる。
デメリット	• ムリ・ムダが多く、大量の廃棄が発生する場合がある。 • 需要予測が難しく、機会ロスや不良在庫が発生しやすい。 • 収益がヒット商品の有無に左右されるため、不安定になりがち。 • 顧客ロイヤルティの維持が難しい。	• 資金の回収が遅くなり、バランスシートの資産面が重くなる。（スタートにあたり一定以上の資金が必要） • 生産量が少なくなりがちで、生産面での規模の経済が効きにくくなる。 • ライフタイム・バリューになるため、クローズまでの時間が長くなり、営業の評価が難しく、マインドセットの抜本的改革が必要。

筆者作成

の販売を開始しています。コンピュータと同様ですが、トヨタや日産、ホンダといった主要自動車メーカーは、B2B向けのフリート・サービスには全社をあげて取り組むことができません。同等の法人向けの車両管理サービスは、クルマだけでなくフォークリフトなどの建機にもあります。B2C市場でもカー・シェアリングが普及しだしましたが、B2B市場では既にフリート・マネジメント・サービスは主流になりつつあります。

　タイヤ業界においても、大手企業が次々とサービスに舵を切っています。ブリヂストンは、タイヤの物販だけでなく、デジタル技術を活用した「タイヤのAs a Service事業」を始めています。同社のエコバリューパックは、タイヤを売らずに、法人顧客の運行パターンを分析して、最適頻度でタイヤのリトレッド（ゴム張替・再生）を行い、タイヤ寿命を延ばし顧客のコストダウンに貢献するサービスです。同社は、2019年にオランダの車両管理を手掛けるトムトムテレマックス社を約1,138億円で買収しており、サービス化を急いでいます。

　また、同様に、フランスのタイヤメーカーのミシュラン（Michelin）も、運送会社向けにタイヤを売るのではなく、サービスとしてタイヤを提供する「Tire as a Service」を始めました。これは、運送会社に対して常に最適な状態でタイヤを使ってもらうサービスで、トラックのエンジンとタイヤにセンサーを装着し、タイヤの空気圧などを最適に保ち、タイヤの走行距離に応じて課金するといったビジネスモデルです。ブリヂストンやミシュランは、従来通りのタイヤ単品販売も行っていますが、この「Tire as a Service」は、法人顧客にとっては大きな便益が見込めます。

　また、空調設備業界においても、2018年1月にダイキン工業の子会社であるダイキンエアテクノは三井物産と組んで「エアアズアサービス（AaaS）株式会社」を設立し、業務用の施設オーナー向けに、空調設備を設置し、建物の規模や空調の使用実態に応じた運用管理サービスに

よって、ビル利用者に快適な空間を提供し、月額固定料金を課金するサブスクリプション型のサービスを始めました。このサービスは 2020 年度省エネ大賞を受賞し、さらに 2020 年にはコロナ・ウィルス対策として「Airas 換気™（エアアズ換気：密のアラート）」という新サービスメニューも追加しています。

　このように各業界におけるリーディング・メーカーも、物販からサービス・ビジネスへの転換を進めていますが、注意しなければならないのは、物販とサービスではビジネスモデルがまったく違うということです。今まで物販が中心だったメーカーは、代理店などの物販のためのチャネル・パートナーがいますし、タイヤメーカーであれば完成車メーカー、空調設備であれば設計事務所や建設会社という主要パートナーもいます。ビジネスをサービスに転換するにあたっては、このような物販のパートナーが一大抵抗勢力になることが予想されます。そして、なによりも社内における開発・製造部門、さらには営業部門も反対勢力となります。先ほども述べましたように、社内の開発・製造部門においては、これまで規模の経済を追求したドミナント・ロジックがあり、物販の時は「一台でも多く製造する」ことが利益につながりました。しかし、サービス・ビジネスの場合は、複合機やクルマ、タイヤ、エアコンなど、サービスで使うモノはすべてサービス原価になるので、使用台数が少なければ少ない程利益がでるのです。これは、まさにコペルニクス的転回ということになります。社内の営業にしても、間接販売セールスは代理店を守るためにサービス化は嫌がりますし、直販セールスも見込んでいたワンタイム売上がなくなってしまうので、先が見えているトップ・セールスほどサービス化は嫌がります。筆者が指揮した大手直販セールスは、複合機の物販だけでなくソリューション・ビジネスで鍛えられた部隊でした。もともとレンタル制というストック・ビジネスを採用していましたし、消耗品及び機械修理はコピー料金という従量制課金を行っていたので、顧客との継続的関係を重視する組織風土はありまし

た。それでも MPS への転換には苦労しました。

　その後、筆者は、大手営業の責任者から首都圏地区の統轄販売会社長になるのですが、その際は将来的には MPS を一緒にやっていけそうな全国型特約店の開拓に腐心しました。いずれにしても、自動車、複合機、タイヤ、空調機といった分野でサービスに挑戦しているこれらの企業が、今後どのように「物販ビジネスモデルの罠」を克服するのかが注目されます。

4 製造業における「脱大量生産」の動き

　これまで、シェアリング・ビジネスやオープン・サービス・イノベーション、フリー・ビジネスにおける無償化の事例などを紹介してきました。また、2020 年 2 月 19 日の日本経済新聞（真相・深層欄：中村直文編集委員）に、アサヒビールが販売量の公表を取りやめ、市場シェア争いから撤退したという報道がありましたが、このようにメーカーのほうでも横並びかつゼロサムでのシェア争いはあまり意味がないと考えるようになってきました。これらの動向は、20 世紀まで製造業（メーカー）において支配的だった「大量生産・大量消費」の鉄則が通用しなくなってきたことを示唆しています。そして、その結果である「大量廃棄」は、国連の SDGs（Sustainable Development Goals：持続可能目標）達成上も非常に大きな問題だと捉えられるようになりました。

　このような時代背景もあり、ICT 産業における様々なテクノロジーの進歩、具体的には、AI（人工知能）、ビッグデータ、IoT（Internet of Things）、VR（Virtual Reality：仮想現実）、ドローン、ロボット、3D プリンター・3D スキャナー、オン・デマンド技術などの進歩によって、製造業のモノの作り方も大きく変わってきています。

　まずは、「プロダクション・オン・デマンド」です。これは顧客が必要な量を必要に応じて生産していく方式で、3D プリンターなどのデジ

タル技術の進歩によって可能になってきました。これまでのモノ作り
は、まずは「型」を作って試作品を製造し、試作品をもとに量産ライン
を設定して大量生産していましたので、最低ロットという考え方があり
ました。しかし、プロダクション・オン・デマンドには最低ロットはな
く、必要な分量だけ製造することができます。筆者は、オン・デマン
ド・パブリッシングが可能になる印刷機(パブリッシャー)も販売して
いましたが、従来までは版下・製版・刷板を作成して大量印刷していた
ため最低ロットがありました。しかし、オン・デマンド・パブリッ
シャー(オンデマンド印刷機)は、原稿作成なども全てデジタルで行う
ため最低ロットはなく、デジタル原稿を修正し、必要な時に必要な部数
を刷ることができます。これによって、需要予測という「見込み」生産
からくる品不足による機会損失や、作り過ぎによる余剰在庫さらには余
剰在庫の廃棄といった無駄がなくなります。

　次に、「マス・カストマイゼーション」は、マス市場向けの大量生産
に応じながら顧客の個別対応に応じるビジネスモデルです。これを最初
にはじめたのが PC メーカーのデル社です。同社では、直販セールスに
よって法人顧客の個別要望を探り、PC をモジュール化し、顧客の要望
に応じてモジュールを組み立てることによってカストマイズして顧客に
提供しました。通常 PC はハードウェア・メーカーにとって利幅が少な
いのですが、デル社はこのモデルによってある一定の利益を確保しまし
た。また、スポーツ用品メーカーであるアディダスは、スニーカーの本
体部分はマス・プロダクションで作り、色やデザインはユーザーが自分
で決める「NIKE BY YOU」を行っています。これなどは、典型的なマ
ス・カストマイゼーションの事例といえるでしょう。また、更に大掛か
りな例としては、中国のアリババ・グループが提唱する「ニュー・マ
ニュファクチャリング」の構想です。同社では、2020 年 9 月にこれを
体現した「迅犀(シュンシー)デジタル工場」を立ち上げています。同
グループの創業者であるジャック・マー氏は、「これからは 5 分間で同

じものを大量生産するのではなく、5 分間で 2,000 種類の衣料を製造することが求められる」と語っていますが、これが実現すれば究極のマス・カストマイゼーションと言えるでしょう。

　さらに、これらのデジタル技術の進歩は、従来までは「規模の経済」が鉄則だった製造業（メーカー）の世界に、規模の小さいメーカーでも十分戦えるという「メーカーズ・ムーブメント」を呼び起こしています。クリス・アンダーソンは、メーカーズ・ムーブメントを新産業革命として捉え、「いまでは、発明や斬新なアイデアを思いついたら、製造サービスサイトにファイルをアップロードして、望みの個数だけ製品を作ってもらうこともできるし、3D プリンターのような高機能のデジタル工作機械を使って、自分で作ることもできる。未来の企業家や発明家は、アイデアを製品にしてもらうために、大企業のお情けを乞う必要はなくなった」と、メーカーズ・ムーブメントの意義を強調しています[26]。(図表 3-25)

　また、大前研一氏は、メーカーズ・ムーブメントの広がりを 2 つに分類しています[27]。一つ目は、「大企業を震撼させるメーカーズ」でイン

図表 3-25 製造業における「脱大量生産」の動き

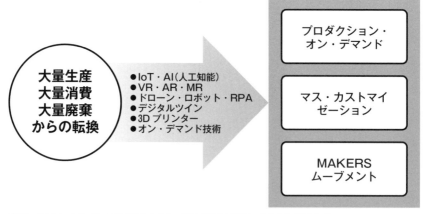

出所：クリス・アンダーソン著「メイカーズ」（NHK 出版）をもとに筆者作成

ターネット・ノウハウを活用して大企業と互角以上に戦う新興企業群の存在です。同氏は、EV のテスラ（Tesla）や、モバイル決済のSquare、ビデオカメラの GoPro、ロボットの iRobot を挙げています。テスラ（Tesla）はもはやベンチャーとは呼べない程の大きな時価総額を誇る企業に成長していますし、テスラ以外でもそれぞれの企業は非常に大きな価値を持つ企業に育っています。そして、二つ目が、「草の根から広がるメーカーズ」です。同氏は、ファブリケーションラボラトリーの FabLab（ファブラボ）、プロシューマーの存在、個人の DIY（Do It Yourself）活動を挙げています。FabLab は、ファブリケーションラボラトリーに由来しますが、自らを「多様な工作機械を備えたオープンな市民工房の世界的なネットワーク」と定義しています。小さな部屋に 3D プリンターやレーザーカッターが置かれており、個人のメーカーズがこのような装置を使え、世界のメーカーズ同士でコラボレーションができるようになっています。日本でも FabLab Japan が設立され、全国に 17 カ所（2021 年 3 月時点）のファブラボが設置されています。

　日本における「大企業を震撼させるメーカーズ」の例として、2020年 12 月に上場を果たしたバルミューダが挙げられます。同社は、生産は外部に委託するファブレス企業ですが、独自技術と徹底的な "こだわり" によって、最高の香りと食感を実現するトースターや、自然界の風を再現する扇風機、スタイリッシュなノート型 PC 専用の冷却台（X-Base）など、様々なヒット商品を生み出して家電業界に新風を巻き起こしています。社長の寺尾玄氏は、ミュージシャンを目指していましたが、楽曲制作で使っていた Apple PC（Mac）から刺激を受けて一転してメーカーとしての道を歩む決意をしたそうです。従来まで電器産業は、典型的な「規模の経済」産業で、市場シェアや操業の大きさが競争優位の源泉を占めてきました。また、家電業界では、中国のハイアールや韓国のサムソン、LG が世界市場を席巻し、日本の家電メーカーは国

内のガラパゴス市場だけで通用する典型的な「内弁慶」企業群になってしまいました。しかし、バルミューダの例は、様々なデジタル技術の進歩やファブレス化などによって、小さなベンチャー企業でも、やり方によっては大企業と互角に戦えるのだという好例を提供してくれています。

　また、デジタル技術や製造技術の進歩だけではなく、資金調達や商品流通面、代金決済面においてもメーカーズ・ムーブメントを支援するプラットフォームが続々と誕生しています。既に述べたように、クラウド・ファンディングは、素晴らしい商品のアイデアを実現するための資金調達を援助してくれますし、b2ta（ベータ）がやっている基地局としての店舗機能の貸し出しは、試行錯誤中のアイデア商品への顧客の生の反応を提供してくれます。そして、D2C サービスは、SNS を通じた顧客の組織化やカストマイズ広告による販売促進、自社独自の EC を通じた販売を支援してくれます。そして、PayPay などのキャッシュレス決済手段は、メーカーズの煩雑な請求・代金回収を容易にしてくれます。このようにメーカーズ・ムーブメントは、脱大量生産・大量消費・大量廃棄の引き金をひく、製造業（メーカーズ）のパラダイムシフトの大きな潮流だと言えます。

第3部 注

1. ENIAC は Electric Numerical Integration Calculator の略で、米国ペンシルバニア大学の J.P.Eckert と J.W.Mauchly が米国海軍の協力を得て作った電子計算機。
2. コンプレックス・セールス（Complex Sales）とは、製品が高額なため営業プロセスが複雑でより高度になる営業形態。
3. 個人が自分の記憶や本、手紙類を蓄え、それらを相当なスピードで柔軟に検索できるように機械化された装置。
4. パケット交換方式とは、データを小さなパケットに分割して個別に送受信するデータ交換方法で、これによって電話のような双方向だけのデータ交換ではなく、インターネットのようにネットワーク化されたデータ交換が可能になった。
5. 日本経済新聞「アップルのアプリ経済圏　24％増 70 兆円に」2021 年 6 月 3 日朝刊 13 面
6. アレックス・オスターワルダー＆イヴ・ピニュール、小山龍介訳（2012）「ビジネスモデル・ジェネレーション」SHOEISHA、P.77
7. 尾原和啓著（2020 年）「ネットビジネス進化論」NHK 出版、PP.328-329
8. 大前研一編著（2020 年）「『7 割経済』で勝つ新デジタルシフト」プレジデント社、P.53
9. ブロックチェーンは、電子的な情報を記録する新しい技術で、記録が改竄できないことから不正が困難な分散管理型の取引台帳で、ビットコインなどの仮想通貨の中核的技術となっている。
10. アニータ・エルバース著（2008 年 12 月）「ロングテールの嘘」ダイヤモンド・ハーバード・ビジネス・ライブラリー
11. アニータ・エルバース著、鳩山玲人監訳・解説、庭田よう子訳（2015 年）「ブロックバスター戦略」東洋経済新報社
　　ブロックバスターとは「町の区画をまるごと破壊するような威力を持った爆弾」のことで、この本では、他を圧倒するような影響力を持ったヒット作品や売れっ子ミュージシャン、人気スポーツ選手などを指している。
12. 山本康正著（2020 年）「2025 年を制覇する破壊的企業」SB Creative、PP.62-66
13. 情報提供サービスである JNEWS2013 年 11 月号を参考に、筆者が加筆・修正。
14. 情報提供サービスである JNEWS2019 年 7 月号より抜粋。
15. GAFAM などの ICT 企業の場合、「収穫逓増の法則」とは、一度損益分岐点を超えてしまうと、ユーザー数が増えてもユーザー一人当たりの追加費用（限界費用）

がほとんどゼロのため飛躍的に投資効率が良くなる状態をさす。

16. Zott C. & Amit R. (2020), Business Model Innovation Strategy, Wiley, P.242 を筆者が翻訳。

17. エスクロー（escrow）制度とは、商取引の際に信頼できる第 3 者を仲介させて取引の安全を担保する仕組みのこと。

18. 尾崎弘之著（2018 年）「なぜ日本企業にオープンイノベーションが必要なのか？新たなる覇者の条件」日経 BP、P.164

19. フィリップ・コトラー＆ジュゼッペ・スティリアーノ著、恩蔵直人（監修）・高沢亜沙代訳（2020 年）「コトラーのリテール 4.0　デジタルトランスフォーメーション時代の 10 の法則」朝日新聞出版、P.72

20. スターバックスは顧客体験を重視しているため直営店での展開が主流になっている。

21. ガジェット（gadget）商品とは、ちょっと便利な小型の機械装置やデジタル機器、気の利いた小道具などのこと。

22. ヘンリー・チェスブロウ、大前恵一朗訳（2004）「OPEN INNOVATION　ハーバード流イノベーション戦略のすべて」産業能率大学出版部、P.8

23. ヘンリー・チェスブロウ、栗原潔訳（2007）「オープンビジネスモデル　知財競争時代のイノベーション」SHOEISHA、P.8

24. ヘンリー・チェスブロウ、博報堂大学　ヒューマンセンタード・オープンイノベーションラボ監修・監訳（2012）「オープン・サービス・イノベーション　生活者視点から、成長と競争力のあるビジネスを創造する」阪急コミュニケーションズ、P.19

25. ヘンリー・チェスブロウ、博報堂大学　ヒューマンセンタード・オープンイノベーションラボ監修・監訳（2012）「オープン・サービス・イノベーション　生活者視点から、成長と競争力のあるビジネスを創造する」阪急コミュニケーションズ、P.57

26. クリス・アンダーソン、関美和訳（2012）「MAKERS　メイカーズ　21 世紀の産業革命が始まる」NHK 出版、P.18

27. 大前研一著（2016 年）「世界を知る 6 つの特別講義」グーテンブック、P.134

第４部
イノベーションとビジネスモデル

ほとんどの組織は成長のカギは新しいテクノロジーや製品を
開発することだと考えている。だがそれは誤りだ。
新たな成長の波に乗るためには、企業はこのようなイノベーションを
破壊的な新たなビジネスモデルの中に埋め込む必要がある。

クレイトン・クリステンセン

第 10 章
いくつかの教訓

クルマとコンピュータは出てくる順番を間違えた。
どう考えても正解はコンピュータに車輪をつけることだ。

エリック・シュミット

■ PC にまつわる「イノベーションのジレンマ」

　第 4 部では、イノベーションとビジネスモデルの関係について考察します。

　ハーバード・ビジネススクールのクリステンセン教授は、「イノベーションのジレンマ」*¹ の中で、「破壊的イノベーション」によって、新規参入者が巨大で強力な既存企業を打ち破る構造を明らかにしました。本書では「ジョブ理論」の紹介が先になってしまいましたが、先に「イノベーションのジレンマ」での問題提起があって、「ジョブ理論」はその解決策の一つという位置づけになります。「イノベーションのジレンマ」において、クリステンセン教授は、「破壊的イノベーション」で小さな市場を築いた新規参入者は「持続的イノベーション」によって改良を進め、既存プレーヤーの顧客を奪うようになると述べています。同書は、イノベーション研究の試金石となる良書なのですが、1990 年代から 21 世紀にかけての技術の進化が速く、改訂を重ねた増補改訂版においてさえ、載っている企業や技術が古くなり、20 世紀を知らない大学の学部生には理解し難い部分があります。

　同書の中では、PC はコンピュータ産業における破壊的イノベーションとして紹介されているのですが、IBM はこの破壊的イノベーションに比較的早く適用できた例として挙がっています。しかし、同社の歴史

をさらに長期的に見ると、そのような迅速な対応が「命とり」になって、2005 年に PC 事業全体をレノボに売却して、PC 事業から撤退しています。そして、IBM PC の水平分業のパートナーだったマイクロソフトとインテルが一気に PC 市場を支配することになります。

　第 3 部でも述べたように、IBM が PC の開発を本格的に始めたのは1980 年に入ってからです。市場への迅速な対応のために開発期間の短縮が至上命題でした。開発責任者であるドン・エストリッジは、本社や研究所があるニューヨーク州から離れ、フロリダ州ボカラントンで、わずか 14 人でプロジェクト・チームを始動させました。開発期間を短縮させるために、オペレーティング・システム（以下 OS）はマイクロソフトに、マイクロチップはインテルに外注したのは既に述べました。その結果、わずか 1 年の短期間で IBM PC（IBM 5150）の発売にこぎつけ最初の 4 年間は大成功をおさめました。しかし、PC 市場は次第にPC のハードウェア・メーカーではないマイクロソフトとインテルによって収益を独占されるようになってきました。IBM が自ら進めた水平分業というビジネスモデルが仇となり、PC のハードウェア製造はほとんど儲からないビジネスになってしまいました。その後、IBM の収益は、連邦会社破産法（Chapter 11）の適用を噂されるほど急速に悪化し、1993 年 4 月には外部から RJR ナビスコの CEO だったルイス・ガースナーを招いて、事業のサービス化への大改革を進めることになります。

　実は、1985 年に IBM PC を開発したエストリッジ率いるチーム全員が飛行機事故で亡くなるという不幸がありました。彼らが生きていれば違う展開もあったのかも知れませんが、いずれにしても IBM は、開発を急ぐあまり、自社には儲からないビジネスモデルを創ってしまいました。では、当時の IBM に PC の OS やマイクロプロセッサーを作る能力がなかったのでしょうか？　筆者はそうは思いません。IBM のワトソン研究所は、当時から江崎玲於奈博士のようなノーベル賞受賞者や、

米国家科学賞・国家技術賞の受賞者を多く擁していました。当時の
IBM にとってマイクロソフトは取るに足らないような小さな存在でし
たし、IBM の技術開発力をもってすれば個人ユースの PC の OS 開発は
そう難しくはなかったはずです。しかし、全社を挙げて、PC の OS 開
発をする決断はできませんでした。ガースナーは、自著「巨象も踊る」
の中で、「パソコンが IBM の中核である企業向けコンピュータ事業を脅
かすとは考えていなかったため、パソコンのうち付加価値がとくに高い
部分の支配権を手放した。オペレーティング・システム（OS）はマイ
クロソフトに、マイクロプロセッサーはインテルの手に委ねた。わたし
が IBM 入りしたころ、この 2 社は IBM からの贈り物を利用して、業界
のトップに躍り出ていた」[2] と述懐しています。

　IBM が最初の PC を発売したのは 1981 年のことでしたが、ゼロック
ス社はそれよりも前の段階で PC を開発しています。1959 年に普通紙
複写機（PPC）を発売した同社は、大企業中心に複写機市場を席巻し、
莫大な利益を上げます。そして、その利益をもとに 1970 年にゼロック
ス・パロアルト研究所（PARC）を設立します。PARC には、オフィス
関連のイノベーションを興すということで世界中からコンピュータや
ネットワーク関連の研究者が集まってきました。そして、（東海岸にあ
る本社が口出ししない）自由な雰囲気のもとで、現在の ICT 産業隆盛
の土台となるような様々な研究成果を残します。米ビジネス・ウィーク
誌 1975 年 6 月 30 号は、「将来のコンピュータ市場の勝者になるのは
IBM とゼロックスだろう」とまで予測していますが、その中心を担っ
ていたのがアラン・ケイなどのコンピュータ・サイエンティストたちで
した。アラン・ケイは「アメリカ中のコンピュータ技術者を 1 から 100
まで番号を付けたら、そのうち 67 人が PARC にいた！」と当時を振り
返っています[3]。

　PARC は、GUI（グラフィカル・ユーザー・インターフェース）を搭
載した画期的な PC であるアルト（ALTO）を開発し、1,500 台ほどの

試作機も作りました。ALTO は、縦型の高解像度モニターにキーボードやマウスがつき、マウス操作で命令や選択ができるという画期的な製品でした。しかし、東海岸にいるゼロックス経営陣は量産化へのゴーサインを出しませんでした。彼らには残念ながら ALTO の価値がわかりませんでした。東海岸の本社では、ALTO の量産化後の製造コストを 1 台 1 万 2,000 ドルから 1 万 5,000 ドルと試算し、それだと最も高いワードプロセッサーよりもさらに高い価格設定をしなければならないと判断しました。そして、ALTO にプリンターにつなげるにはさらに 3 万ドルの追加費用が必要で、これでは誰も買わないだろうと判断し、1979 年に ALTO の量産化を中止する決断をしました。ゼロックスの経営陣には、当時のゼロックスのメイン・ストリーム事業であるオフィス向けの普通紙複写機（PPC）やコンピュータにつながるレーザー・プリンターの範囲内でしか新製品を見ることができなかったのです。これは、コンピュータの歴史の中でも「最も残念な決断」といわれています[*4]。

　実は、この話には後日談があって、PARC で開発された GUI の真価を見抜いたのは、スティーブ・ジョブズとビル・ゲイツでした。1979 年 12 月、二度にわたって PARC を訪れたスティーブ・ジョブズは GUI を可能にしたビットマップ技術に魅了され、「あのときは、目からうろこがぽろぽろ落ちたよ。そして、未来のコンピュータのあるべき姿が見えた」と語っています[*5]。その後、ジョブズは GUI 搭載の PC 開発に着手し、1984 年にマッキントッシュを発売します。このマッキントッシュ開発の過程で、当時はまだ弱小企業だったマイクロソフトに OS 開発の相談をし、1983 年末までの秘密保持契約を結びます。そこで、ビル・ゲイツも GUI 技術を「ずば抜けてすばらしい」と評価し、PARC からエンジニアを引き抜き MS-DOS の後継となる OS の開発にあたります。それにより開発されたのが、1985 年に発売された Windows1.0 です。この Windows1.0 は導入当初はバグも多かったのですが次第に安定し、マイクロソフトが飛躍的に成長する礎を築きました。ジョブズは

マイクロソフト社が Windows1.0 を発売したことに怒り、ビル・ゲイツ
を呼び出し、「お前がしていることは盗みだ！　信頼したというのに、
それをいいことにちょろまかすのか？」と責め立てます。ビル・ゲイツ
は涼しい顔をして、「我々の近所にゼロックスというお金持ちが住んで
いて、そこのテレビを盗もうと私がしのびこんだらあなたが盗んだあと
だった。これはそういう話だと思います」と答えたそうです[6]。ゼロッ
クス社は PARC で発明された技術を事業化できなかったどころか、知
財戦略もずさんで GUI 技術に対して特許も取得していなかったのです。

　この PC にまつわる話で、IBM とゼロックス社に共通する話は、両
社ともに「大手企業を対象にした製品レンタル制による直販モデル」の
会社で、当時は電子工作マニアのおもちゃのようなものだった PC に大
きな投資をしていく経営判断ができなかったということです。この両社
に共通しているのは、当時はともに B2B 企業で、「顧客セグメント」は
大企業、「チャネル」は直販が中心、「収入の流れ」は売り切りではなく
レンタル制だったということです。両社は、本社も当時は同じニュー
ヨーク州（その後ゼロックス社は隣のコネティカット州に移転）で、人
材の流動性も高く、ゼロックス社が XEROX 914 の価格を設定する際に
は IBM のメインフレーム・コンピュータのレンタル制を参考にしてい
ます。当時の両社の主要顧客である大手企業や、主要チャネルである直
販セールスにとって、PC はほとんど役に立たない商品でした。そし
て、それほど高額でもない PC は典型的な売り切り商品です。このよう
に、メイン・ストリーム（主力）事業のビジネスモデルが PC というイ
ノベーションに対して拒否反応を示したのだと思います。クリステンセ
ンは、「イノベーションのジレンマ」の中で、破壊的イノベーションの
5つの原則を打ち出していますが、この両社の PC での失敗をこの原則
で説明するならば、次のようになります。**（図表 4-1）**

図表 4-1 PC の歴史におけるイノベーションのジレンマ

破壊的イノベーションの原則	IBM・ゼロックス社の当時の状況
●原則1：企業は顧客と投資家に資源を依存している。	●IBM もゼロックスも主要顧客は、大手企業法人であり、投資家(株主)も、その儲かる市場で利益を出すことを期待していた。
●原則2：小規模な市場では大企業の成長ニーズを解決できない。	●IBM もゼロックスも既に巨大企業になっており、一部マニアの玩具(当時)のような PC 市場では両社の成長は見込めない状況だった。
●原則3：存在しない市場は分析できない。	●PC 市場は全く新しい市場であり、ともに米国東海岸に本社がある B2B 中心の IBM やゼロックスの本社スタッフでは市場分析は不可能だった。
●原則4：組織の能力は無能力の決定的要因になる。	●IBM もゼロックスも大手企業向けの組織(特にマーケティング、販売)となっており、個人市場(B2C)への能力はなかった。
●原則5：技術の供給は市場の需要と等しいとは限らない。	●マイクロ・プロセッサーの性能が急速に進歩し、PC の性能が急速に改善され、B2C 市場が急速に成長した。

出所：クレイトン・クリステンセン著「イノベーションのジレンマ」(SHOEISHA)をもとに筆者作成

❷ 20 世紀に電気自動車が普及しなかったわけ

　ちょっと話を変えて、次は時代の潮流となってきた電気自動車（EV）を例に考えてみたいと思います。この本を執筆するために、久しぶりに「キャズム（Crossing the Chasm）」（ジェフリー・ムーア著、川又政治訳）を読んでいたら、冒頭の部分で次のような記述がありました。

　「いつ電気自動車を購入しますか？」この問いに対する答えから、読者の皆さんがテクノロジー・ライフサイクルとどのようにかかわっているかを推量することができる。ここでいうテクノロジー・ライフサイクルとは、新たな製品が市場でどのように受け入れられるかを理解するためのひとつのモデルである。先の問いに対する答えが「永久に買わない」なら、その人は新たなテクノロジーにはまったく興味を示さない人、すなわちわたしたちのモデルでいうところのラガード（無関心層）にあたる。もしも「電気自動車の効用が証明されて、電気自動車向けの

サービスステーションが街中で見られるようになったら買う」なら、その人は現実的な購買者、すなわちアーリー・マジョリティである。「ほとんどの人が電気自動車に乗り換えて、ガソリン自動車を運転することが不便になってきたら買う」なら、その人は追随者、つまりレイト・マジョリティである。逆に、近所でまだだれも電気自動車を持っていないときに買おうとする人は、イノベーター（革新者）あるいはアーリー・アドプター（先駆者）である[*7]。

　この本は、日本語での訳本は 2002 年に出版されたのですが、英語の原本は、今から 30 年前の 1991 年に出版されています。上記の文章は、現在（2021 年）に書かれたといわれても違和感はないと思います。1990 年代から 21 世紀にかけて、インターネットや SNS、スマートフォンなどが登場し、これだけ技術が進歩していても、電気自動車（EV）の普及状況は 30 年前とあまり変わっていません。

　実は、電気自動車（EV）は 1990 年代に米国市場に導入されたものの、数年後には市場から抹殺されてしまいました。1990 年代当時は既に地球温暖化の問題は議論されており、米カルフォルニア州では、徐々にゼロ・エミッションの電気自動車の販売比率を増やそうという ZEV（Zero Emission Vehicle）法案を検討していました。これに呼応して、米ゼネラルモーターズ（General Motors：GM）は、1996 年に EV1 という画期的なゼロ・エミッションの EV を発売します。GM はすべてリースでこの EV を販売することに決め、小人数ではありますが EV1 の営業チームも結成します。EV1 は 1 回の充電で 110〜130 キロ程度しか走れないという欠点はありましたが、スピード性能や燃費効率も良く、音も静かで、夜自宅でプラグをつないで充電できるという画期的な新製品でした。

　カルフォルニア州では、EV1 を通じて EV 化技術が成熟していることを知り、州として充電拠点を作っていくために増税することも考えて

いたようです。しかし、GM は突然この EV1 の販売を停止し、あたか
も EV1 はこの世に存在しなかったように市場から回収し、スクラップ
処分にしてしまいます。一部の愛好家や地球環境アクティビストからは
熱烈に支持された EV1 ですが、リース車だったこともあり、所有権を
持たないこれらの愛好家は結局 EV1 を手放すことになります。そし
て、カルフォルニア州の ZEV 規制も次第にトーンダウンしていきます。
　「Who killed the electric car?（邦題：誰が電気自動車を殺したか？）」
というドキュメンタリー映画の中で、電気自動車（EV）を「殺した」
犯人は誰なのか、一度は市場導入された電気自動車（EV）が急に市場
から消えた原因が追及されています。一つは電気という代替燃料の存在
が邪魔な石油業界、なんと石油メジャーは車載電池開発の有望ベン
チャーを買収して電気自動車普及の芽を摘み取ってしまいます。次に、
EV の普及に乗り気でない連邦政府、当時は共和党のブッシュ政権で、
大統領や副大統領をはじめ政権幹部は石油業界に関連する人々で占めら
れていました。そして、肝心の自動車業界自体も EV には乗り気ではあ
りませんでした。ガソリン車は利益率も高く、内燃機関の関連商品も自
動車メーカーやディーラーの売上に貢献していました。GM の後、
フォードやトヨタや日産、ホンダも電気自動車（EV）の開発に取り組
みますが、電気自動車（EV）はガソリン車メーカーにとって「儲から
ないクルマ」だったのです。結局、石油業界や自動車業界の徹底したロ
ビー活動によってカルフォルニア州の ZEV 法案も骨抜きにされてしま
います。
　このように新製品や新技術といったイノベーションは、簡単に普及す
るものではありません。特に、自動車業界のように既存の巨大産業の場
合は社内外に既得権益集団がおり、様々な抵抗にあいます。自動車の場
合は、自動車メーカーが部品メーカーを取りまとめディーラーを経由し
て販売し、ディーラーが保守点検をして自動車保険を薦めて、石油業界
が運営するガソリンスタンドで給油する、というような業界をまたがっ

た巨大なビジネスモデルで動いているのです。そして、ガソリン車メーカーが電気自動車（EV）に邁進するためには、今までのビジネスモデルもスクラップ＆ビルドしなくてはならないということです。

　2021 年現在、世界各国はあらためてガソリン車規制に動いています。米カルフォルニア州でも、2035 年までに同州で販売される自動車はすべてゼロ・エミッション車にするという ZEV 規制を再び掲げています。前回と今回では何が違うのでしょうか？　再び電気自動車（EV）は闇に葬られてしまうのでしょうか？　答えは「ノー」です。かなり高い確率で 10 年から 20 年以内にガソリン車は地球から姿を消すでしょう。その理由としては、①人口 14 億人の世界一の市場を持つ中国政府がガソリン車規制を打ち出している、②気候変動問題が益々深刻化し欧州や中国を中心とした各国政府がガソリン車排除を打ち出している、③GPU（Graphics Processing Unit）やセンサー等の進歩が加速し自動運転が現実化する中で電気自動車（EV）は自動運転技術と親和性が高い、④再生可能エネルギー関連技術や蓄電技術が急速に進歩している、⑤新たなビジネスモデルで EV 化をけん引するテスラ（Tesla）が躍進している、といったことが挙げられます。

　イギリスの著名な科学・経済啓発家であるマット・リドレー氏は、著書「人類とイノベーション」の中で、「現状で既得権のある人たち、投資家、経営者、そして従業員のために、イノベーターは邪魔される。イノベーションは繊細で傷つきやすい花であり、容易に踏みにじられるが、状況が許せばすぐに再び成長することを、歴史が証明している。」[*8]と述べていますが、まさにリドレーが述べたことが電気自動車（EV）というイノベーションで起きようとしています。特に、中国政府は、自動車産業の覇権を奪いたいという思惑もあり、国家戦略として EV 化を打ち出しています。PM2.5 に苦しめられているという事情もありますが、既存の自動車業界や石油業界を持たないために EV 化への抵抗勢力がいないということも EV 普及に拍車をかけています。これをリープ・

フロッグ現象といいますが、同じことが凄いスピードで進んだキャッシュレス決済にも言えます。中国には銀行口座を持てない人々もおり、少し前までATMも整備されていませんでした。また、筆者自身、2017年に上海でゴルフをした時にわずか数十秒の間にクレジット・カードを偽造され不正使用された苦い経験があります。この時には、中国ではクレジット・カードも使えないのかと途方にくれました。このような不便さがAlipay（アリペイ）やWeChat Pay（ウィーチャットペイ）といったスマホでのキャッシュレス決済が一気に進んだ原因となりました。

　そして、テスラ（Tesla）の躍進ですが、テスラ（Tesla）は最初からEV専業メーカーで、社内でガソリン車に関わる抵抗勢力はいません。そして、第2部でも述べたように、石油業界やカー・ディーラーなどのガソリン車業界を跳び越えて、クルマを顧客に届けるためのビジネスモデルを変革し、クルマの顧客ライフタイム・バリュー（LTV）を上げることに成功しています。そして、テスラ（Tesla）を率いるイーロン・マスクは、脱カーボンへの信念を持って、石油業界や全米ディーラー協会といった強固な既得権益集団を敵にまわし、自社の中でも様々な問題を抱えながらも、100年以上続く旧来業界のドミナント・ロジックに挑戦しています。

❸ メイン・ストリーム（主力）事業の厚い壁

　この章では、一度成功してメイン・ストリーム事業を持っている企業が新たなビジネスモデルに適応することがいかに難しいかを見てきました。ゼロックスやIBMのPCでの「イノベーションのジレンマ」や、電気自動車（EV）の普及にあたっての既得権益集団の様々な抵抗を見てきましたが、これ以外でもメイン・ストリーム事業の壁が厚い例は枚挙にいとまがありません。

　米コダック社は、1990年代に入ると富士写真フイルム（当時）[9]に追い上げられてきたものの、2000年までは世界の銀塩ロールフィルム市場で世界一のシェアを誇っていました。ロールフィルムの収益率は高く、コダック社の収益基盤は万全でした。1990年代の筆者の印象では、コダックは技術開発を怠って政府へのロビー活動に重きをおいていたイメージはあるのですが、財務的には申し分のない会社でした。しかし、デジタルカメラの登場で、2000年以降5年から10年の間で世界の銀塩ロールフィルム市場はほぼ消滅してしまいました。その後、2007年にアップル社がiPhoneを市場導入し、デジタルカメラも一部の写真愛好家やプロ写真家に市場が限定されることになります。このへんの業界変化のスピードは目を見張るものがあります。そして、コダック社はデジタル化の大きな波にのまれて沈没しました。2012年に連邦企業破産法（Chapter 11）を申請することになります。しかし、なんとコダック社では、デジタル化が本格化した2000年から遡ること四半世紀の1975年に、24歳の若手研究者のスティーブ・サッソンが、白黒画像を撮影してテレビに転送する世界最初のデジタルカメラを発明しているのです。

　スティーブ・サッソンは、このデジタルカメラを、当時の経営陣にプレゼンテーションする際に、「フィルム不要の写真」という表現を使ってしまいました。これにより当時のコダック経営陣は、技術開発をそれ以上進めることを許しませんでした。コダック社元CTOのビル・ロイドは、「（当時のコダック社内には）フィルムと競合する可能性のあるものを片っ端からはじきだす抗体が存在するようだった」と述懐しています[10]。このように、一度大きな成功体験がある大企業がイノベーションを世に送りだそうとした時に、メイン・ストリーム（主力）事業の壁は厚いのです。

4 業界の中では見えないこと

　筆者が大学で教鞭をとるようになって、いくつか学生から指摘されて
はっとしたことがあります。3年生のゼミの授業で、学校の検索システ
ムの説明文書を持っていない学生に対し、10円玉を何枚か出して「教
室のとなりにコピー機があるので、これで自分の分のコピーを取ってき
て」とお願いしました。すかさず、学生から「大丈夫です。スマホで写
真とりますから。」という返事が返ってきました。筆者自身は、おっさ
んにしてはスマホをよく使うほうだと思うのですが、スマホ世代の学生
から見れば、すべてスマホで写真を撮って格納しておけば無料ですむの
で、コピー機を使って紙にコピーするといった発想は全くないのです。
いまどき、ポケットに小銭を入れているのも、キャッシュレス世代の学
生から見れば違和感があったようです。筆者は、恥ずかしながら、長く
紙を使用する業界にいたために、そんな簡単なことも見えませんでした。
　著述家の山口周氏は、著書「世界で最もイノベーティブな組織の作り
方」の中で、これに類似した事例をいくつか紹介しています。一つ目
は、無声映画とトーキー映画の話です。映画はフランスのリュミエール
兄弟によって、1895年に世界で初めて上映されましたが、最初の30年
ほどは声の出ない字幕付きの無声映画でした。この当時は、無声映画が
映画産業のドミナント・ロジックだったわけです。1927年にトーキー
映画（音声付き映画）というイノベーションが登場し、当時ワーナー・
ブラザーズの社長だったハリー・ワーナーに紹介された時の彼のコメン
トは、「世界に俳優の声が聞きたいという人がいるとはどうしても思え
ない」だったそうです。無声映画という当時の業界の常識にどっぷりと
つかっていたハリー・ワーナーには、最初はトーキー映画の価値が見抜
けなかったのです。ちなみに、ハリー・ワーナーは映画会社ワーナー・
ブラザーズの創立者の一人で、米国映画界の隆盛を築いた立役者の一人
でもあり、決して凡庸な経営者ではありません。そのハリー・ワーナー

でさえ、今では当たり前になっているトーキー映画の価値が見抜けな
かったのです[11]。

　その次に挙げられている例が、当時の米国最大の通信会社であった
ウェスタン・ユニオン社に対するアレキサンダー・グラハム・ベルによ
る電話機の特許売り込みの話です。ベルは彼が発明した電話機の特許を
10 万ドルで買わないかとウェスタン・ユニオン社に打診しましたが、
同社は「慎重なる検討を重ねた結果、この機器（電話）が電報を代替す
る通信手段になりうることはまったくないと判断します」という形で正
式に断ってしまいます。この後、電話はたった 5 年間で全米に 5 万台、
20 年後には 500 万台設置されることになり、電報に取って替わる通信
手段になりました。当時のウェスタン・ユニオン社は全米最大の通信
（電報）会社で数多くの研究者やエンジニアを抱えていたはずですが、
結局、電報業界の人々は電話という双方向コミュニケーションの価値が
全く理解できなかったのです[12]。

　また、先ほど紹介したコンピュータ業界に戻って言うならば、マッ
ト・リドレーは、同じく「人類とイノベーション」の中で、いくつかの
例を挙げています。一つ目が、IBM の実質的な初代社長であるトーマ
ス・ワトソンが、本格的コンピュータ登場前の 1943 年に、「世界のコン
ピュータ市場の規模は 5 台くらいだろう」と歴史的な大外れの予言をし
ていることです[13]。二つ目が、デジタル・エクイップメント社[14] の創
立者で会長だったケン・オルセンの例です。オルセンは、コンピュータ
のダウンサイジングの立役者でしたが、そのオルセンでさえ 1977 年の
ボストンでの世界未来会議のスピーチで、「コンピュータを家庭で欲し
がる人などいるわけがない」と語っているのです。そして、PC 業界の
覇者となったマイクロソフトの 2 代目 CEO（最高経営責任者）だった
スティーブ・バルマーが、2007 年にアップルが iPhone を発売した際
に、「iPhone が大きなマーケットシェアを獲得する見込みはない。むり
だ」と言ったそうです[15]。

　三人とも決して凡庸な経営者ではありません。トーマス・ワトソンは
この後 IBM がコンピュータ産業の覇者になっていくための礎（いしず
え）を築いた人ですし、ワトソン研究所や IBM AI（人工知能）の「ワ
トソン君」はこの経営者の名前に由来しています。ケン・オルセンは
IBM に独占されていたコンピュータ業界にミニ・コンピューティング
という大きな風穴を開けた経営者ですし、スティーブ・バルマーもス
マートフォンへの進出こそ遅れをとりましたが、同社がクラウド・サー
ビス化に向かう先鞭をつけ、有能な後継者（サティア・ナデラ）を指名
して CEO の役割を全うしています。ただ、これらの事例は、その業界
にどっぷりと浸かっている人々にとって、業界のドミナント・ロジック
を超えたイノベーションの価値は理解できない、あるいは理解しようと
しないことを示唆しています。

第11章

事業化されない
イノベーション

聖書にも書かれている通り。「選ばれし者」は少ないのだ。
多くの企業は選ばれず、優秀な技術者が費やす膨大な時間と、
何百万ドルという巨額の費用が毎年失われている。
多くの悲痛な叫びと、悔恨の歯軋りがこだましているのだ。

ジェフリー・ムーア

■ 「イノベーションの普及」と「キャズム（Chasm：深い溝）」

　第10章では、イノベーションに対するいくつかの失敗事例や普及を妨げる要因を「いくつかの教訓」として見てきましたが、本章では、それらの事例の理論的な裏付けを考察していきます。経済成長との関係でイノベーション研究の先鞭をつけたのが、ヨーゼフ・シュンペーターです。シュンペーターは、イノベーションを「いくつかの既存の知を結合（New Combination）して生み出されるもの」として、①新製品の開発、②新しい生産方式の投入、③新しい販売先の開拓、④新しい供給源の獲得、⑤新しい組織の実現、の5つに類型化しました。

　その後、イノベーションの普及について研究を進めたのが米国スタンフォード大学のエベレット・ロジャースです。筆者が大学の学部生時代、ロジャースの「イノベーションの普及（Diffusion of Innovation）」を専攻したことは既に述べました。ロジャースは、「イノベーションとは、個人あるいは他の採用単位によって新しいと知覚されたアイデア、

習慣、あるいは対象物である」*16 と定義しました。そして、有名なイノベーションの普及曲線と、次のような採用者の５つのカテゴリーを提唱しました。以下、ロジャースの類型化に、この後に述べるジェフリー・ムーアの解説も加えて各カテゴリーを紹介いたします。**(図表 4-2)**

① 革新的採用者（Innovator）

ロジャースは、このカテゴリーの人々を「冒険的な人々」と呼んでいます。新しいアイデアへの関心が高く、危険を承知で非常に冒険的な行動を取ります。ムーアは、このカテゴリーの人々を「テクノロジー・マニア」と名付けていますが、技術的な関心が高く新製品が出たら真っ先に購入する人々です。

② 初期少数採用者（Early Adopters）

ロジャースは、このカテゴリーの人々を「尊敬される人々」と呼んでいます。イノベーターは若干「変わり者」的なところがありますが、このカテゴリーの人々はオピニオン・リーダーとして尊敬を集めています。ムーアは、このカテゴリーの人々を「ビジョナリー」と名付けていますが、「ビジョナリー」が求めているのは単なる改

図表 4-2 ロジャースのイノベーションの普及曲線

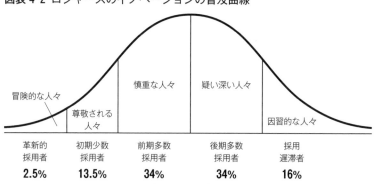

出所：E.M. ロジャース著（三藤利雄訳）「イノベーションの普及」（SHOEISHA）をもとに筆者が加工修正

善ではなくブレイク・スルーです。イノベーションが普及するためのリーダー的な役割を果たします。

③ 前期多数採用者（Early Majority）

ロジャースは、このカテゴリーの人々を「慎重な人々」と呼んでいます。慎重派ではありますが、①と②は初期市場と位置付けられ、この③からがメイン・ストリーム市場と言うことになります。ムーアは、このカテゴリーの人々を「実利主義者」と名付けています。新製品が一過性の流行でないかどうかを見極め、他人の動向を見極めた上で採用に踏み切ります。この実利主義者を顧客に迎えることによって、新製品は大きく普及していくことになります。

④ 後期多数採用者（Late Majority）

ロジャースは、このカテゴリーの人々を「疑い深い人々」と呼んでいます。イノベーションに対しては懐疑的で、社会の大多数の人々が採用するようになって初めて採用を考えます。ムーアは、このカテゴリーの人々を「保守派」と名付けています。保守派は、ハイテク製品には及び腰で、製品の性能や品質が成熟化したことを見極めた上で採用に踏み切ります。製品の実用性重視で、採用にあたっては十分な検討時間を要します。

⑤ 採用遅滞者（Laggards）

ロジャースは、このカテゴリーの人々を「伝統的（因習的）な人々」と呼んでいます。イノベーションを最後に採用する人々で、過去の因習や伝統を重んじ、イノベーションに対して懐疑的な人々で、ムーアは、このカテゴリーの人々を「懐疑派」と名付けています。Laggardという言葉には「のろま」という否定的な意味があり、イノベーションを拒絶する「のろま」という意味も含んでいます。このカテゴリーの人々によってイノベーションの普及速度は遅くなります。

　ロジャースは、この「採用者の類型化」の中で、イノベーションの普及にあたって、オピニオン・リーダーとしての初期少数採用者（Early Adopters）の重要性を強調しています。そして、ロジャースの研究成果をハイテク製品に応用したのがジェフリー・ムーアです。第 10 章では、ジェフリー・ムーアが挙げた電気自動車（EV）の例を引用しましたが、ムーアは、ハイテク製品の普及においては、初期少数採用者（初期市場）から前期多数採用者（メイン・ストリーム市場）の間には、キャズム（Chasm：大きな溝）が存在し、製品の成功のためには、この大きな溝（キャズム）を乗り越えなければならないと唱えました。**（図表 4-3）** 同時に、このキャズムを乗り越えるためには、①特定のニッチ市場に営業などの自社資源を集中し橋頭保を構築する、②レビットのホールプロダクト理論を応用して顧客の要望に応えるトータル・パッケージを用意していく、ことが必要だと唱えます。そして、具体的なシナリオ検討のための項目として、①ターゲット・カストマー、②購入の必然性、③ホールプロダクト、④競争相手、⑤パートナーと提携企業、⑥販売チャネル、⑦価格設定、⑧企業のポジショニング、⑨次なるターゲット・カスタマー、を挙げています[*17]。これは第 2 部で解説したビジネスモデル・キャンバスの各項目に酷似しています。ムーアの

図表 4-3「キャズム（溝）」に落ち込むイノベーション

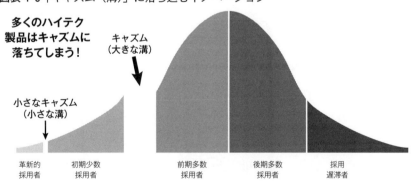

出所：ジェフリー・ムーア著、川又政治訳（2002 年）「キャズム」（SHOEISHA）をもとに筆者作成

キャズム理論を筆者なりに解釈すると、キャズムを克服するためには、ビジネスモデルの視点が必要になるということです。

ムーアは、「キャズム 2」の中で、キャズムに落ちたイノベーション例として、ホログラム、ペン入力タブレット、燃料電池、QR コード、MOOCs（大規模公開オンライン講座：ムークス）やセグウェイ（Segway）を挙げています[*18]。燃料電池や QR コード、MOOCs は、後にキャズムから抜け出すことになるのですが、セグウェイ（Segway）については残念ながらキャズムの谷底に落ちたままです。セグウェイは、21世紀の初頭に「世紀の大発明」として、スティーブ・ジョブズやジェフ・ベゾスといった本書に何回も出てきている米国 ICT 企業の大物経営者が絶賛しました。スティーブ・ジョブズは「PC と同じくらい凄い」とコメントし、アマゾン・ドットコムやグーグルを育てあげた大物投資家ジョン・ドーア（John Doerr）にいたっては、「これはおそらくインターネットより大きい市場になる。セグウェイは歴史上最速で売上 10 億ドルを達成する会社になるかも知れない」とまで惚れ込んでいます。しかし、様々な投資家から 100 万ドル以上の資金が集まったにもかかわらず、このセグウェイは「世紀の大失敗」に終わります。セグウェイの発明者であるディーン・カーメン（Dean Kamen）は、毎週 10,000 台の販売によって初年度で 50 万台の販売を予測しましたが、実際は、最初の 6 年間で30,000 台しか売れませんでした。その後、セグウェイ事業は何人かの事業家に売り渡されるのですが、カーメンから事業を買収したジミ・ヘゼルデン（Jimi Heselden）が、セグウェイに乗ったまま川に転落し死亡するといった不幸な事故もあり、キャズムから抜け出すこともなく、最終的には中国のロボット関連のスタートアップ企業に買収されてしまいました。カーメン自身は、2000 年に米国の国家技術賞を取るような有名な発明家で、別にペテン師ではありません。製品としても、セグウェイは、ジャイロセンサーによるバランス制御技術など、しっかりとした技術的な裏付けのあるものです。しかし、残念ながら確固たるビジネスモデルがありませ

んでした。どの顧客に対して、どのような価値提案をしていくか、そして、どのチャネルやパートナーと一緒にやるのかといったビジネスモデルがなかったのです。セグウェイは画期的な技術を使っていたのですが、個人が移動に使うには重たく、クルマやバイクに比べるとスピードが遅く、価格も高く（5,000 ドル程度：約 55 万円）、なによりも階段の昇り降りが大変でした。それに、50 万台も 100 万台も売ろうとするなら信頼できるチャネル・パートナーが必要です。最近では、電動キックボードを街の中で見かけますが、セグウェイ（Segway）もビジネスモデルを再構築すればキャズムから抜け出せるかも知れませんが、いずれにしてもチェスブロウの言うように「新製品や新技術といったイノベーションを事業化するためには確固たるビジネスモデルが必要」なのです。

２「エクスポネンシャル・テクノロジー」の 6 つのステージ

ロジャースには、イノベーションの普及曲線や採用者の類型化とともに、「イノベーションの属性（相対的優位性、両立可能性、複雑性、試行可能性、観察可能性）によって普及速度が変わる」といった非常に興味深い研究成果があります[*19]。

①　相対的優位性

新たに登場したイノベーションが、既存のイノベーションよりもよいものであると知覚される度合い

②　両立可能性

イノベーションが既存の価値観、過去の体験、そして潜在的採用者のニーズと相反しないと知覚される度合い

③　複雑性

イノベーションを理解したり使用したりするのに、相対的に困難であると知覚される度合い

④　試行可能性

　　小規模にせよイノベーションを体験しうる度合い

⑤　観察可能性

　　イノベーションの結果が他の人たちの目に触れる度合い

　これらの「イノベーションの属性と普及速度の関係」を応用すると、イノベーションも性能等の進歩や補完製品・サービスの登場などによって属性が変化すれば普及速度が変わると言うことです。例えば、PCの例を挙げてみると、1980年代前半の導入当初にはPC使用にあたってはユーザーがコマンドを出さなくてはならず複雑だったものが、Windowsやアップル・マッキントッシュが搭載するGUI機能によって「複雑性」が緩和され、更に1990年代中盤のインターネットとの接続によって「相対的優位性」が高まり、PCは一気に普及しだしたということになります。ジェフリー・ムーア流に言うならば、一度キャズムに落ちた新製品も属性が変われば再び普及カーブを登り始めるということです。また、物的なイノベーションに比べてデジタル技術などのイノベーションは「試行可能性」や「観察可能性」は著しく高まることが考えられます。

　これに関連して、米国のベンチャー起業家として有名なピーター・ディアマンディスとスティーブン・コトラーは、全米でベストセラーになった「2030年すべてが『加速する』世界に備えよ」[20] の中で、エクスポネンシャル・テクノロジーの6つのステージについて述べています。「エクスポネンシャル・テクノロジー」とは、性能などの進歩が指数関数的（Exponential）に加速するテクノロジーを意味します。ディアマンディスらは、エクスポネンシャル・テクノロジーが収斂したり融合したりする（Convergence）ことによって、進化や進歩の速度がさらに加速すると述べています。具体的には、量子コンピュータ、AI（人工知能）、ロボティックス、ナノテクノロジー、バイオテクノロジー、材料科学、ネットワーク、センサー、3Dプリンティング、

AR（Augmented Reality：拡張現実）、VR（Virtual Reality：仮想現実）、ブロックチェーンなどを挙げています。そして、これらのテクノロジーの普及までには次の6つのステージがあると述べています。

① デジタル化（Digitalization）

あるテクノロジーがデジタル化されるとムーアの法則等にのっとった加速度的な進歩が始まる。

② 潜行（Deception）

世の中に登場した時は大きな注目を集めるが、初期の進歩はゆっくりで、しばらくは世の中の期待に応えられない潜行状態が続く。

③ 破壊（Disruption）

デジタル商品・サービスが世の中に登場し、破壊的イノベーションとして既存の製品・サービスや市場、業界を破壊する。Digital Disruption（デジタル・ディスラプション）といわれるフェーズである。

④ 非収益化（Demonetization）

デジタルカメラによって写真が無料になったように、かつては製品やサービスにかかっていたコストがそっくり消えてしまう。

⑤ 非物質化（Dematerialization）

ほんの少し前にあった製品やサービスが消えて、新テクノロジーに駆逐されてしまう。ウィキペディアによって百科事典が消え、音楽ストリーミングサービスによってCD販売店が消えていくように、デジタル化に代替され非物質化が起こる。

⑥ 大衆化（Democratization）

かつてはレンガほどの大きさで特定の人にしか利用されなかった携帯電話が今はスマートフォンとして世界の3分の2以上の人々が所有しているように、一般の人々に広く普及する。

たしかに、このように6つのステージで考えていくと納得できることが多々あります。例えば、AI（人工知能）は、2010年代に入り、様々

な形でビジネスに活用されるようになり、広く普及していますが、実は過去に 2 回ブームになり、現在は「第 3 次 AI ブーム」と言われています。1950 年から 60 年代に第一次ブームが起こり、1980 年代には第 2 次ブームが起こり、日本でも通産省によって第 5 世代コンピュータプロジェクトなどが立ち上げられました。しかし、その後、深く潜行し、2010 年代になって破壊的テクノロジーとして脚光を浴びるようになって現在に至っています。AI は、おそらく、今回はブームでは終わらないでしょう。既に、AI を利用した遠隔医療診断や AI ロボットによる投資コンサルティング、AI によるダイナミック・プライジングなどの多種多様のビジネスモデルが構築されています。今後、AI についても、GPU（Graphics Processing Unit）や通信技術（5G や 6G）、センサー、ビッグデータといった他のエクスポネンシャル・テクノロジーと融合して、非収益化、非物質化、大衆化が加速度的に進むことが予想されます。特に、第 4 のステージの非収益化（Demonetization）については、ジェレミー・リフキンも「限界費用ゼロ社会」の中で、「IoT（Internet of Things）は効率性や生産性を極限まで高め、追加でモノやサービスを生み出すコストは限りなくゼロに近づく。将来モノやサービスは無料になり、企業の利益は消失する」と非収益化を予測しています[*21]。

　また、ムーアの「キャズム 2」の中では、キャズムに落ちているイノベーションの例として QR コードが挙がっていました。デンソーによって開発された QR コードは、最初はデンソーの部品管理用に開発されたものですが、長い潜行期間の後、キャッシュレス決済の手段として広く普及することになりました。これには、デンソーがオープン・イノベーションの考え方で、QR コード自体は無料にして、読み込むためのリーダーで収益化しようと考えたことも追い風になりました。そして何よりも、スマホというエクスポネンシャル・テクノロジーの進化（特にスマホのオート・フォーカス機能）やキャッシュレス決済というビジネスモデルにより、広く普及するようになったと解釈することができます。

第12章

ビジネスモデル・
イノベーションの重要性

成功はやっかいな教師だ。やり手を臆病者に変えてしまうからね。
ビル・ゲイツ

1 ビジネスモデルのイノベーション

　前章までは、主に新製品や新技術のイノベーションを考察してきましたが、シュンペーターが定義したように、イノベーションといってもいくつかの種類があります。プロセス・イノベーション、プロダクト・イノベーションの2つに分ける場合もありますし、クリステンセンは、破壊的イノベーションと持続的イノベーションに分けました。そして、ゲイリー・ハメルが、イノベーションを、①マネジメント・イノベーション、②構造的イノベーション、③ビジネスモデル・イノベーション、④製品やサービスでのイノベーション、⑤オペレーション上のイノベーションの5つに分けていることは既に述べました。

　IBMは、2004年より隔年で世界の経営幹部にインタビューして分析結果をまとめる「The Global CEO Study」を実施していますが、2006年に行われた「The Global CEO Study 2006」の中で、イノベーションのタイプを、「市場・商品・サービス」「オペレーション」「ビジネスモデル」の3つに分けています。そして、同調査は、「Business Model Innovation Matters（ビジネスモデル・イノベーションが大事だ）」と結論づけています。同調査によると、「市場・商品・サービス」のイノ

ベーションに注力すると回答した経営幹部は全体の 42％、「オペレーション」のイノベーションに注力すると回答した経営幹部は 30％、「ビジネスモデル」のイノベーションに注力すると回答した経営幹部は 28％でした。しかし、それぞれに回答した企業の過去 5 年間の営業利益の年間平均成長率の同業との差を見てみると、他の 2 つのタイプはほとんど差がなかったのに比べ、「ビジネスモデル」のイノベーションに注力すると語った企業の営業利益の平均成長率は同業よりも 5％以上高かったという結果でした。この調査では、3 つのタイプのイノベーションをバランスよくやっていくことが大切なものの、自社の競争優位の確立や競合からの脅威回避の手段としてビジネスモデル・イノベーションの重要性が増していると結論づけています。また、この調査を裏づけるように、クリステンセン＆ジョンソンらは、「企業を一変させるような事業は、一大発見や優れた技術の製品化だけに留まるものではない。成功の秘訣は、新しい技術を適切かつ強力なビジネスモデルに乗せることである。」とビジネスモデルの意義を強調しています[*22]。

　「IBM Global CEO Study 2006」から 15 年経った 2021 年、同調査のアジェンダは既に他の項目に移っていますが、2021 年 3 月に、日本生産性本部が米国コンファレンス・ボード（The Conference Board Inc.）と協業して行った「世界経営幹部意識調査（英名：C-Suite Challenge)」の中で、ビジネスモデルの項目があります。この調査は、2020年 11 月 7 日から 12 月 10 日にかけて、日本を含む 41 ヵ国の経営幹部（CXO）1,538 名（日本 186 名含む）に対して行われたものです。コロナ禍の中で行われたため、「2021 年にビジネスに影響を与える外的要因」としては、各国とも 1 位に「新型コロナウィルス感染症」が挙がっているのですが、興味深いのは、「2021 年に企業が重点的に取り組む経営課題」に対する答えです。各国とも「イノベーションの推進」「業務プロセスの効率化」「デジタル・トランスフォーメーションの加速」「ビジネスモデルの修正」「コスト削減」が上位に入っており、「ビジネスモ

デルの修正」という項目は「ビジネスモデル・イノベーション」と言い換えることもできます。15年たった今でも経営課題の一つとして「ビジネスモデル・イノベーション」が上位にきているのです。**（図表4-4）**そして、さらに興味深いのは、「2021年に経営課題を解決する上での障壁」という項目において、日本だけが「現行ビジネスモデルへのこだわり」がトップ3に入っていることです。同様に、「革新的な組織文化の欠如」「変化を嫌う姿勢」といった項目も上位にきています。この結果を見ると、日本の経営者は、「ビジネスモデルの修正や刷新」の必要性

図表 4-4 世界経営幹部意識調査（1）

設問：企業経営上の課題として、2021年に貴社が重点的に取り組むことはどれですか。

最大5つまで選択可能：全20項目（CEO）

	日本		米国		ドイツ		世界	
イノベーションの促進	1	40.7%	2	33.3%	4	36.4%	2	38.6%
業務プロセスの効率化	2	39.0%	4	28.5%	2	50.0%	5	29.8%
デジタル・トランスフォーメーションの加速	3	38.1%	1	37.4%	1	53.8%	1	39.3%
ビジネスモデルの修正	4	35.6%	6	24.4%	5	24.2%	3	31.9%
持続可能性に関する取り組みの強化	5	32.2%	9	15.5%	6	24.5%	7	24.1%
組織内コミュニケーションの透明性向上	6	29.7%	12	8.1%	9	15.9%	12	10.4%
コスト削減	7	22.0%	3	31.7%	3	44.7%	4	30.8%
戦略的提携を通じたイノベーションの拡大	8	17.0%	8	20.3%	10	14.4%	8	21.3%
企業統治（ガバナンス）の改善	9	14.4%	18	4.9%	7	19.7%	10	11.7%
企業ミッションやステークホルダー重視の戦略	10	13.6%	13	5.7%	18	2.3%	14	7.8%
危機管理計画の見直し	10	13.6%	11	9.8%	16	7.6%	13	9.1%
M＆Aおよび事業分離	12	12.7%	5	27.6%	11	12.9%	9	20.5%
キャッシュフローの改善	12	12.7%	7	22.0%	8	18.9%	6	25.2%
意思決定の分散（権限移譲の推進）	14	11.0%	20	2.4%	14	8.3%	16	7.1%
サイバーリスクの低減	15	8.5%	10	14.6%	11	12.9%	11	10.4%
環境負荷低減の取り組み	15	8.5%	13	5.7%	14	8.3%	17	5.4%
コーポレート・シチズンシップの向上	17	3.4%	13	5.7%	17	5.3%	18	4.4%
その他	17	3.4%	13	5.7%	20	0.8%	20	3.2%
従業員の削減	19	1.7%	18	4.9%	13	11.4%	15	7.6%
サプライチェーンの国内回帰加速	20	0.9%	13	5.7%	19	1.5%	19	3.7%

出所：世界経営幹部意識調査（英名：C-Suite Challenge）日本生産性本部

は認識しているものの（米独より順位が高い）、「現行ビジネスモデルへのこだわり」や「革新的な組織文化の欠如」、「変化を嫌う姿勢」によって、ビジネスモデル・イノベーションが実行に移せない状態が続いていることを示唆しています。**（図表4-5）**

図表4-5 世界経営幹部意識調査（2）
設問：2021年、貴社が経営課題を解決する上で障壁となるものはどれですか。
最大5つまで選択可能：全24項目（CEO）

	日本		米国		ドイツ		世界	
優秀な人材の不足	1	35.5%	9	14.2%	3	34.1%	2	26.1%
新型コロナウイルス感染症に関連した混乱	2	27.2%	1	62.5%	1	60.5%	1	50.9%
現行ビジネスモデルへのこだわり	3	24.6%	12	10.0%	19	5.4%	9	15.0%
革新的な組織文化の欠如	3	24.6%	7	15.0%	6	16.3%	4	18.7%
事業成長のためのデータの活用が不十分	5	22.8%	6	17.5%	8	13.2%	6	16.8%
変化を嫌う姿勢	5	22.8%	11	11.7%	5	18.6%	11	14.2%
データ分析スキルの欠如	7	21.9%	7	15.0%	14	9.3%	7	16.1%
不十分な組織内コミュニケーション	8	20.2%	24	0.8%	16	8.5%	21	7.8%
戦略的ビジョンの欠如	9	17.5%	19	5.0%	10	10.9%	15	10.3%
組織内の連携の欠如	10	15.8%	17	6.7%	10	10.9%	17	9.9%
多様性の欠如	11	14.0%	12	10.0%	20	4.7%	19	8.3%
ビジネスニーズを満たすためのリソースの制約	11	14.0%	2	30.0%	8	13.2%	3	23.3%
成果を公正に評価する能力の欠如	13	13.2%	16	7.5%	23	3.1%	20	8.3%
変化に抵抗する従業員	14	12.3%	14	8.3%	4	20.9%	12	13.3%
時代遅れのテクノロジー	15	10.5%	3	27.5%	13	10.1%	10	14.9%
変化に抵抗する中間管理職	16	8.8%	14	8.3%	7	14.7%	13	12.9%
縦割りの組織	16	8.8%	4	23.3%	10	10.9%	8	15.3%
従業員のエンゲージメント・レベルの低さ	18	7.9%	19	5.0%	18	7.0%	18	9.6%
戦略的でない人事	19	7.0%	22	4.2%	14	9.3%	14	11.1%
規制	19	7.0%	5	21.7%	2	35.7%	5	17.8%
実情にあっていない報酬体系	21	6.1%	19	5.0%	20	4.7%	22	6.0%
短期的な業績を重視するリソース配分	22	4.4%	10	12.5%	23	3.9%	16	10.0%
排他的な組織風土	23	2.6%	17	6.7%	16	8.5%	23	5.9%
その他	23	2.6%	22	4.2%	24	2.3%	24	2.5%

出所：世界経営幹部意識調査（英名：C−Suite Challenge）日本生産性本部

2 なぜ日本企業はビジネスモデルが変えられないのか

　それでは、なぜ日本企業はビジネスモデルが変えられないのでしょう
か。いや、日本企業でも革新的なビジネスモデルで成功している企業もあ
るので、これは「なぜ今まで成功してきた日本企業はビジネスモデルが変
えられないか」という質問に替えます。これは前章でも述べましたが、企
業は（あるいはヒトも）一度成功すると、その成功体験に引き摺られるの
です。その成功体験の中には、ビジネスモデルも入っていて、その企業
を成功に導いたビジネスモデル、特にチャネルやパートナーを簡単に切り
捨てることはできないのです。これは別に日本企業だけではなく、IBM
やゼロックスがPCで失敗したケース、20世紀後半でGMが電気自動車
（EV）を市場から回収したケースなどは、メイン・ストリーム事業のビジ
ネスモデルから脱することができなかったために起こったと考えられます。
　特に、日本企業においては、1970年代から80年代の成功が非常に大
きかったために、いまだに当時のビジネスモデルを背負っている企業が
多く存在します。その典型が日本の新聞業界です。全国紙の発行部数
は、ここ20年間で約3割減りました。10年で跡形もなく消えた銀塩写
真フィルムに比べると減るペースは遅いのですが、今後、世代が紙媒体
世代からスマホ世代に変わるにつれて発行部数の減少スピードは加速し
ていくでしょう。スマホ世代の若者の新聞離れ、人口減少に伴う総需要
の縮小、無料（フリー）ネットニュースの出現、グーグルやフェイス
ブックなどのネット広告の侵攻等々、これらの課題に対応するために、
新聞業界でもデジタル技術を活用したビジネスモデルへの転換が喫緊の
課題になっています。既に、米国ニューヨーク・タイムズなどはデジタ
ル化に舵を切り、電子版の有料読者数が500万人を超える等、紙媒体よ
りデジタル（電子）媒体の売上のほうが大きくなっているようです。ま
た、アマゾンのジェフ・ベゾスがオーナーになったワシントン・ポスト
は、同紙の電子版有料購読者数は300万人を超えており、同紙はデジタ

ル化によって一気に全国紙になりました。

　しかし、日本の新聞社は、電子版は出しているものの、まだまだ紙媒体が中心です。これまでの日本の新聞社のビジネスモデルは、強力な新聞販売店網による宅配によって読者を増やし、広告代理店の力も借りて、購読料と新聞広告料の両建てで収益化するものでした。しかし、電子化・デジタル化すると新聞販売店はビジネスモデルから外れますので、新聞社も大胆にデジタル化に踏み出せません。筆者は、デジタル教科書の議論の中で、紙媒体の価値も見直されつつあることは承知していますし、紙の効用も十分に理解しています。そして、なによりも筆者自身も熱心な紙新聞の読者ですので、言論機関からの情報がすべてデジタル化されることには抵抗があります。しかし、筆者は、例えば、過去の新聞記事をすべてデジタル化・アーカイヴ化して索引をつくり、読者の要望に応じて、電子のまま配信、またはオンデマンドでプリントアウトするといったサービス事業などは需要が多いのではないかと思います。全国紙5紙の中では、日本経済新聞は日経テレコムなどで検索サービスを行っていますが、他の全国紙も過去の記事をアーカイヴ化することによってスマホを通じていつでも読めるようにビジネスモデルを変える必要があります。単純な報道記事を電子で配信するだけでは、無料のネットニュースとの差別化はできません。

　ニューヨーク・タイムズ前CEOで同社を一気にデジタルシフトしたマーク・トンプソン氏は、日本経済新聞のインタビューに、「レガシー（旧）事業である紙の発行がいつまで続くかは正確にはわからないが、15〜20年程度だろう。航海に例えると、行き先に岩があると分かっていて、衝突を回避するために事前にカジを切る感覚だ」と答えています[23]。「最近の若者は新聞を読まない」と嘆くのではなく、「新しい読者を惹きつけるためのビジネスモデルの変革」を行い、若い世代も入った新たな言論界を創っていって欲しいと思います。

　第9章のオープン・サービス・イノベーションのところで、物販から

サービス化にビジネスモデルを転換するにあたっては、これまでのチャネル・パートナーが大きな抵抗勢力になると述べましたが、デジタル化によるビジネスモデルの転換の際も同じことが起きるのです。自動車業界のディーラー・ネットワーク、コンビニ業界のフランチャイズ店オーナー、新聞業界の販売店ネットワークなど、これまで競争力の源泉だったビジネスモデル・パートナーがビジネスモデル転換のボトルネックになってくるのです。

3 なぜ日米企業の時価総額は大きく違うのか

　2020年7月、GAFAM（グーグル、アップル、フェイスブック、アマゾン・ドットコム、マイクロソフト）の5社の時価総額が約560兆円に達し、東証一部上場企業2,170社の時価総額約550兆円を上回ったという報道がありました。約30年前の平成元年には、当時の世界時価総額ランキング上位50社中、日本企業が32社を占めていたことを思えば、隔世の感があります。（2021年6月時点では上位50位に入るのはトヨタ自動車1社のみ）同じ業界で比べてみても、自動車業界では、2019年までは年間営業利益ベースで赤字が続いた新興テスラ（Tesla）が、コロナ禍の中でも2兆2,000億円を超える最終利益（2021年3月期）を出したトヨタ自動車の約2倍の時価総額（2021年6月11日時点）を誇っています。また、ネットフリックスは、ご存じのように映像ストリーミングサービスで「デジタル技術の寵児」とも言える企業ですが、既にトヨタ自動車の3分の2くらいの時価総額に達しています。（2021年6月11日時点）ちなみに、同社は、2019年まで本業の儲けを示す「営業活動からのキャッシュフロー」は赤字でした。筆者から見ると、同社は、サブスクリプション契約者の数を増やすために、毎年映像コンテンツに莫大な投資を続けており、まるでスポーツジムのトレッドミルで走り続けているような印象を受けます。それでも、ネットフリッ

クスの時価総額（企業価値）は高いのです。

　時価総額（Market Value：市場価格）と会計上の価値（Book Value：簿価・純資産）の比率を計算する比率に Price Book Ratio（株価純資産倍率：PBR）があります。この倍率が高ければ高いほど、株主からの期待度が高いということになります。この倍率が低ければ、投資家から見れば「割安」ということになります。しかし、これが1倍を切っていれば、時価が簿価より低いと言うことになり、通常、経営者は「経営者の座」に居座り続けることはできません。この PBR を 2021 年 6 月 11 日時点で見てみると、グーグル（アルファベット）7.09 倍、アップル 30.42 倍、フェイスブック 7.05 倍、アマゾン・ドットコム 16.35 倍、マイクロソフト 14.40 倍、テスラ 24.62 倍、ネットフリックス 16.82 倍に対して、日本企業は、トヨタ自動車 1.32 倍、キヤノン 1.24 倍、セブン＆アイ　ホールディングス 1.53 倍、日立製作所 1.29 倍、富士通 2.55 倍、ソニー 2.43 倍といったように1桁違うのです。また、上場企業の平均値を比較しても、日経平均が 1.24（2021 年 6 月 11 日）、米国の S＆P 500 平均が 4.56（2021 年 5 月末）と大きく差がでています。この差異についてはいろいろな見方があります。世界的なカネ余り状態の中で GAFAM などの米国 ICT 企業に資金が集中している。日本人は投資性向が低く株式投資に後ろ向きだ。日本企業は大きな投資ができず余剰資金と内部留保を抱えており財務レバレッジが効いていないため ROE が低い。米国 ICT 企業株はバブル気味でどうせ 2000 年のようにいつかドットコムバブルがはじける。いろいろと理由や言い訳は考えられますが、例えば、先ほど述べたトヨタ自動車とテスラの時価総額の差は、ほとんど現在の財務会計制度では説明がつきません。テスラは電気自動車（EV）で販売台数世界一だから株価が上がるといった単純な話ではありません。トヨタ自動車は EV と親和性の高い自動運転の特許取得でも世界のトップ3に入っていますし、脱炭素の水素自動車である MIRAI の2代目も発表しました。また、日本経済新聞 2021 年 4 月 20 日号は、

「トヨタ、EV も原価低減」という見出しで、トヨタが EV の新ブランド「bZ」を立ち上げて 2025 年までに 15 車種を投入、スバル等と組んで原価低減をしていくと報じています[24]。この記事の通り、ソニーやアップル、ブリヂストンといった自動車以外のメーカーでも作れる EV を、世界のトヨタ自動車がシリーズ化できないわけがないのです。その後、2021 年 5 月に入り、テスラが中国市場で品質問題を起こして株価を下げ、トヨタ自動車が 2021 年 3 月期の好調な決算を発表して株価を上げても、先述の通り依然テスラの時価総額はトヨタの 2 倍になっています。

　筆者は、このトヨタとテスラの時価総額の差は、EV というプロダクト・イノベーションだけでなく、既に何回か言及しましたが、かなりの部分がビジネスモデルの違いから来ているのではないかと思います。第 1 部で紹介したように、ゲイリー・ハメルは、これを「構造的イノベーション」と呼びましたが、アップルが iTunes で音楽業界も含めた業界構造のイノベーションを実現して大きく株価を上げたように、テスラの株価にプレミアムがあるのは、テスラがエネルギー業界も含めた自動車関連業界全体の構造的イノベーションや、EV 車のソフトウェアをアップデートすることによってフローからストックへのビジネスモデル・イノベーションを実現していくだろうという期待があるからではないかと思います。

　テスラの 10K レポート（日本の有価証券報告書）に記載されているセグメント情報を見ると、「Automotive revenues（自動車売上）」が「Automotive sales（自動車本体売上）」と「Automotive leasing（自動車リース売上）」に分かれており、さらに「Energy generation and storage（エネルギー関連売上）」と「Service and others（サービスその他売上）」が明確に区別されています。まだまだ、「Automotive Revenue（自動車売上）」が主流ではありますが、今後は、サブスクリプション・サービスなども始めて業界の垣根を超えた「Service and other（サービスその

他)」セグメントが増えていくことが予想されます。残念ながら、トヨタ自動車のセグメント情報は、「自動車」と「金融」です。トヨタ自動車は、様々なサブスクリプション・サービスを展開しているようですが、結局はリースという従来型の金融事業にセグメントされています。

　既に述べたように、アップルやアマゾン・ドットコム、マイクロソフトといったPBRの高い企業は、それぞれサブスクリプション・サービスやクラウド・サービスといった業界の垣根を超えたAs a Service化に舵を切っています。アップルの株価が上昇局面に入ったのは、iTunesやApp Storeというサービス・モデルが導入されてからですし、アマゾン・ドットコムの収益を安定的に支えているのはAWS（アマゾン・ウェブ・サービス）です。そして、クラウド・サービスによってマイクロソフトは復活しました。各社のセグメント情報を見てみると、アップル社は数年前にiPhone販売台数の公表を止めて、「Service」セグメントを作りました。アマゾン・ドットコムは、「Product sales」と「Service sales」を明確に区別し、マイクロソフトも「Product」と「Service and other」を分けて開示しています。時価総額やPBRの高い企業は、このようにしてサービス化（As a Service）への意思をはっきりと出しています。

　残念ながら、先ほどオープン・サービス・イノベーションで紹介した日本企業のセグメント情報を見てみると「サービス」の文字が出てきません。ダイキン工業は、様々な革新的な経営で奮闘していますが、セグメント情報は、「空調・冷凍機事業」「化学事業」「その他事業」となっています。「Tire as a Service」で紹介したブリヂストンも、先進的な経営でグローバル市場の中で健闘していますが、「タイヤ部門」「多角化部門」という区別でタイヤ以外はすべて「その他」扱いになっています。会計上の開示については重要性（Materiality）の原則があり規模の小さなものはセグメントとして区別しにくいのですが、それにしても、もう少し工夫が必要ではないかと思います。経営者の本気度は、開示さ

れたセグメント情報に表れるものです。

　日本において PBR が高いのはキーエンス（6.89 倍）などですが、同社は工場を持たないファブレス企業で、直販で徹底した顧客密着のソリューション・ビジネスを行うなど、非常に明確なビジネスモデルを展開しています。勿論、株価の形成はそんな単純なものではありませんが、ビジネスモデルが大きな影響を及ぼしていることは確実です。「ビジネスモデルの更新」が必要だと認めながら、「現行ビジネスモデルへのこだわり」を払拭できないようでは、企業価値の向上は見込めません。

4 重要性を増すビジネスモデル・イノベーション

　先ほど紹介した「世界経営幹部意識調査（C-Suite Challenge）」では、「2021 年に企業が重点的に取り組む課題」として、日本を除く世界の経営者が「デジタル・トランスフォーメーションの加速」を第1位に挙げています。（日本は第3位）マイクロソフト CEO のサティア・ナデラは、「コロナ禍で社会のデジタル化が進展し、2年分の変化が2ヶ月で起きた」と語っていますが、デジタル・トランスフォーメーションは今や世界の企業経営上の最重点課題になりました。デジタル・トランスフォーメーション（DX）とは、経済産業省の定義では、「企業がビジネス環境の激しい変化に対応し、データとデジタル技術を活用して、顧客や社会のニーズを基に、製品やサービス、ビジネスモデルを変革するとともに、業務そのものや、組織、プロセス、企業文化・風土を変革し、競争上の優位性を確立すること」とあります。

　また、令和元年版情報通信白書は、従来の「情報化」と「デジタル・トランスフォーメーション（DX）」の違いは、「従来の情報化／ICT 利活用では、既に確立された産業を前提に、あくまでもその産業の効率化や価値の向上を実現するものであったのに対し、デジタル・トランスフォーメーションにおいては、その産業のビジネスモデル自体を変革し

ていくということである」*25 と述べています。デジタル・トランス
フォーメーション（DX）とビジネスモデル・イノベーションは「コイン
の裏表」で、切っても切り離せないものなのです。

　実際に、第 3 部で紹介した各業界の最近のビジネスモデルの事例は、
デジタル・トランスフォーメーション（DX）の事例だと言ってもよいで
しょう。また、アンバンドリングで紹介した FinTech（フィンテック）、
医療や製薬などのヘルスケア分野では Health Tech、教育分野では Ed
Tech、農業や食糧分野では Agri Tech や Food Tech など、IoT や AI、
ビッグデータ、センサー、VR/AR などをフル活用したデジタル・トラン
スフォーメーション（DX）が進んでいます。これらは、言い換えれば、
デジタル技術を活用したビジネスモデル・イノベーションだと言えます。

　流通・小売りでは第 8 章で紹介した OMO や D2C などが Retail Tech
と呼ばれていますが、最近の実例となるのが、第 3 部で述べた D2C や
b8ta（ベータ）社などを活用した実店舗の「基地局」化です。これなど
は、顧客ビッグデータと AI を導入したデジタル・トランスフォーメー
ション（DX）がビジネスモデル・イノベーションにつながる好例と言
えます。

　デジタル技術の活用については、日本は様々な課題を抱えています。
世界的に有名なスイスの国際経営開発研究所（IMD）の世界競争力ラン
キングでは、日本の競争力は 30 年前には 1 位だったものが 2020 年には
30 位まで落ち込み、さらにショッキングなことに、デジタル技術では日
本は対象国 63 ヵ国中 62 位とブービーでした。そして、これらの後進性
を証明するように、コロナ禍の中で、日本においては各行政府や保健所
は感染者の集計をファックスでやり取りするなど、30 年前のインター
ネット普及前の方法でやっていることが判明しました。日本はデジタル
技術というイノベーションに対して、国全体がロジャース理論の「採用
遅滞者：Laggards（ラガード）」に陥っている状態です。デジタル・ト
ランスフォーメーション（DX）とビジネスモデル・イノベーションは

車の両輪ですので、両方を一緒に進めることが喫緊の経営課題です。

❺ 次の 10 年で重要なビジネスモデル・イノベーション を考える視点

　それでは、本書の最後に、次の 10 年間のビジネスモデル・イノベーションを考える上で重要になるいくつかの視点を考えてみましょう。

　まず、ディアマンディス＆コトラーは、先ほど紹介した「2030 年すべてが『加速する』世界に備えよ」の中で、エクスポネンシャル・テクノロジーの融合によって加速される進歩が「さらに加速される」要因となる 7 つの推進力（Forces）を挙げています。そのうちの一つが「新たなビジネスモデル」なのですが、その中で今後 20〜30 年に産業界に大きな影響を与えそうな新たなビジネスモデルとして次の 7 つを挙げています。筆者なりに解説を加えて紹介してみます。

① 　クラウドエコノミー（The Crowd Economy）
　　大前研一氏の「3 つのクラウド化」、即ちクラウド・コンピュータ（Cloud Computing）とクラウド・ファンディング（Crowd Funding）、クラウド・ソーシング（Crowd Sourcing）は既に述べましたが、ここでは、Crowd サービスを意味します。本書の中では、シェアリング・エコノミーやアイドル・エコノミーの中で紹介しました。世界中の約 3 分の 2 の人々がインターネットでつながっている現在では、エアビーアンドビーのような自社では客室を持たないで他人の資産を借りる（レバレッジド・アセット）ことによって急速なビジネスの立ち上げが可能になります。また、クラウド・ソーシングでは世界中のフリーランサーやギグワーカーを必要な仕事に応じて雇用すること（スタッフ・オンデマンド）が可能になります。既に述べたように、これから様々なモノや土地が余りだす日本においては、クラウドエコノ

ミー（あるいはアイドル・エコノミー）は益々重要になります。

② フリー＆データエコノミー（The Free/Data Economy）

ディアマンディス＆コトラーは、「釣り餌商法（bait and hook）」の
プラットフォーム版と表現しましたが、本書の中では、本体を購入
しやすくして補完商品で収益化する「レーザー・ブレード・モデル
（替え刃モデル）」、多くの無料ユーザーを惹きつけて一部の有料
ユーザーあるいは第3者（広告）で収益化する「フリーミアム」や
「第3者課金モデル」を紹介しました。顧客データの重要性につい
ては、この後に考察しますが、フェイスブックやロビンフッドなど
で問題になっているように、プライバシー保護の問題も益々重要に
なってきます。

③ スマートネス・エコノミー（The Smartness Economy）

携帯電話が「スマートフォン」になったように、既存のツールに
「スマート」のレイヤーを加えることにより、新たな製品が生み出
されます。筆者の理解では、今までのツールに AI（人工知能）機
能が付くと「スマート」になります。アマゾン・エコー（Amazon
Echo）は、アレクサ（Alexa）という AI 機能がついて「スマー
ト・スピーカー」になります。また、この他にも、小型のタッチス
クリーンと CPU を搭載したスマート・ウォッチなど、これからも
様々なスマート・デバイスやスマート・サービスが出てくることが
予測されます。また、産業界でも、小松製作所が進める「スマー
ト・コンストラクション」や、新たな働き方を提供す「スマート・
オフィス」など、様々な分野でスマート化が進んでいます。

④ 閉（へい）ループ・エコノミー（Closed-Loop Economy）

自然界に無駄なものは一つもなく、一つの種の死骸などの有機堆積
物は、別の種が存続する土台になります。国連の SDGs（持続可能
目標）への取り組みは、企業にとっても最重要な経営課題の一つで
す。筆者の理解では、クローズドな循環システムを作っていくこと

は、この目標の達成に向けて非常に重要な取り組みとなります。同じような考え方で「サーキュラー・エコノミー」という言葉もありますが、100％リサイクルが可能な製品を作ったり、食品産業においてもコンポスト（堆肥化）しやすい素材を使ったりすることは、今後の企業活動の基本原則になっていきます。

⑤　分散型自律組織（Decentralized Autonomous Organizations）

ディアマンディス＆コトラーは、ブロックチェーンと AI が融合して誕生するものとして、「従業員も上司もおらず、ノンストップで操業を続ける組織」として分散型自立組織を挙げています。同氏たちは、AI とブックチェーン技術を高度に利用した自動運転車だけのタクシー会社を事例として挙げています。筆者は、分散型自立組織というと、フレデリック・ラルー氏の提唱する「ティール組織」[*26] を思い浮かべます。ティール組織とは、個々に意思決定権があり、高度な自治のもとに全員がフラットに協力しあいながら製品やサービスを提供する未来型の組織ですが、AI やブロックチェーン技術の進化が可能にする「新たな組織化のビジネスモデル」と解釈することができます。

⑥　多重世界モデル（Multiple World Economy）

ディアマンディス＆コトラーは、「私たちの住む世界は、もはや一つではない。現実世界とオンライン世界にそれぞれペルソナがあり、後者のような非局在的ペルソナは今後ますます広がっていくだろう。」[*27] と述べています。ペルソナとは、製品やサービスの仮想ユーザーとして作り上げられた人物像ですが、ここでは単に「人物像」と理解していいでしょう。大前研一氏は、約 20 年前に著書「The Invisible Continent（邦題：新・資本論）」[*28] 中で、従来までの「リアル空間」に「サイバー」「グローバル」「マルチプル」が加わった４つの空間を挙げていますが、同氏の言葉を借りるならば、今我々はこのような多重空間を行き来していることになります。そ

して、それらがVR（仮想現実）技術などによって更にレイヤー化されていきます。グーグルやフェイスブックはサイバー空間に広告機会を見つけ飛躍的な成長を遂げました。また、最近のeスポーツなどの普及を見ると、ビジネス・チャンスはリアル空間だけでなくサイバー空間でも大きく広がっていることが理解できます。

⑦　トランスフォーメーション・エコノミー（Transformation Economy）

本書の中でも、顧客の「経験価値」という考え方を紹介しましたが、ディアマンディス＆コトラーは、この概念をさらに発展させたのが顧客の自己変革を実現するトランスフォーメーション・エコノミー（自己変革経済）だと述べています。同氏らは、クロスフィットなどのいくつかの米国企業を紹介していますが、これを日本流に言うならばライザップ（RIZAP）・グループということになります。同グループでは、「理想的な体形になりたい」「ゴルフがうまくなりたい」といった自己変革の実現にコミットすることによってビジネスを伸ばしています。

　ディアマンディス＆コトラーが述べるように、これらの7つビジネスモデルは着実に浸透していくと思われますが、筆者は、これ以外に、製造業における As a Service（サービス化）の拡大と、流通・小売業におけるオンラインとオフラインの融合（OMO）、スタートアップ企業などによる機能アンバンドリングのビジネスモデルは、ますます勢いを増していくと思います。特に、製造業や旅客サービス業における一番大きな As a Service の動きは、自動車業界や旅客輸送業界などが志向している MaaS（Mobility as a Service：マース）の動きでしょう。MaaS とは、「あらゆる交通手段を統合し、その最適化を図ったうえで、マイカーと同等か、それ以上に快適な移動サービスを提供する新しい概念」ということですが、自動車会社、自動車部品会社、カーシェア・サービス＆レンタカー会社、ライドシェア会社、鉄道会社、航空会社、自動運転の開発会社などが参入を狙った混戦状態になっています。また、MaaS の最

終形は、「統合された移動データや交通制御から都市全体を最適化し、移動だけでなく生活自体を最適化する」（MaaS レベル 4）ということだそうですが、この MaaS は自動車会社の視点でみると非常にわかりにくいのです。自家用車や社用車、業務用バス等を製造している自動車会社は物販ですので、サービス化してどのように収益化するのかが見えません。むしろ、ビジネスモデルの親和性からいえば、JR 各社や私鉄各社、首都圏でいえば東急や京王電鉄や小田急電鉄、西武鉄道、関西圏でいえば、阪急電鉄や南海電鉄、近鉄、九州では西鉄といった鉄道会社がイニシアティブを握ったほうが早くレベル 4 まで到達するのではないかと思います。（勿論資金面の問題はありますが） 鉄道会社は、既に電車やバスの移動サービスを行い、「定期券」という乗り放題かつ料金前払いのサブスクリプション・サービスも展開しています。その上、グループ会社が都市開発や宅地開発を行い、デパート、ホテルなども経営しています。筆者は、日本の鉄道会社が中心になって、トヨタ自動車や日産自動車、ホンダといった自動車会社、アルファベット社（グーグルの持株会社）傘下の Waymo（自動運転会社）や Sidewalk Labs（スマートシティ促進会社）、あるいは日本ならばソフトバンク G、NTTG、楽天 G、KDDI、富士通、NEC あたりと組んで、特定地域の MaaS を推進するアライアンスがあってもいいのではないかと思います。トヨタ自動車も、2018 年に、西鉄や駐車場シェアリング会社、地域の店舗、ベントサービス会社など 8 社と組んで「my root マイルート・サービス（様々な交通手段を組み合わせてルートを検索し、必要に応じて予約・決済までをおこなうサービス）」を試行し、さらに 2019 年には、JR 九州も加わりサービスを北九州市へも拡大しました。また、2021 年 2 月には静岡県裾野市に建設するウーブン・シティ構想も発表しました。トヨタ自動車が、これらのプロジェクトを今後どのようなビジネスモデルにもっていくのか、あるいはどこで収益化するのか、が問われてきます。サービス・ビジネスにおいては、そのサービスを提供するための車

両などはすべてサービス原価になります。したがって、MaaS においては、安全性が確保できれば原価である車両は安ければ安いほどよいのです。トヨタ自動車では、無人自動運転カーである e-パレットの MaaS への投入等が予想されますが、このような物販とサービスの「ビジネスモデルの違いによるジレンマ」をどのように解決していくかが問われています。

⑥ 顧客データに基づいた顧客との長期的関係が競争力の源泉に

　最後に、これからのビジネスモデル・イノベーションを考える上で重要になる2つの視点について考えていきたいと思います。ます最初が、「顧客データに基づいた顧客との長期的関係が競争力の源泉になる」ということです。既に日本にも導入された5Gは、超高速性、超低遅延・高速性、多数同時接続といった3つの特長を持っています。いずれの特長もフルに活用できるようになれば、AI（人工知能）やビッグデータ、センサー、監視カメラ、アナリティクス、生体認証技術といったエクスポネンシャル・テクノロジーと融合して、様々な接点で顧客データを収集し、ビッグデータ化し、AI によって分析し、様々な形で活用できるようになります。AI やビッグデータの進歩はよく知られているところですが、MEMS（Micro Electro Mechanical System：微小電気機械システム）といわれるミクロンレベルのデバイスは微小センサーとして使われ、5G の多数同時接続機能と融合して、様々な顧客情報の収集を可能にします。また、これによって、スマホ、PC、スマート・スピーカー、ウェアラブル端末（時計やメガネ、コンタクトレンズ）、監視カメラ、自動運転 EV、シューズ、トイレの便器等々、身の回りにあるものを通じて情報収集できるようになります。そして、世界各国は既に「5G の次の6G」を睨んでいるようですので、この流れは益々加速していくでしょ

う。データ収集方法の多様化が進み、データ収集量が多くなってビッグデータ化が進み、ビッグデータに集める情報量が大きくなればなるほどAI（人工知能）が進化し（AI はビッグデータが大好物なのです）、分析による付加価値が大きくなるという流れです。ディアマンディス＆コトラーもデータエコノミーを 7 つの重要なモデルの一つに挙げていますが、筆者は、ビジネスモデルの一つというよりも、顧客データはビジネスモデルを支える最重要なインフラストラクチャーではないかと思います。既に紹介した GAFAM やネットフリックス、テスラ、あるいは中国の BAT（バイドゥ、アリババ、テンセント）など、時価総額の高い企業はすべて顧客データの蓄積と活用がビジネスモデルのインフラストラクチャーになっています。また、別の言い方をすれば、サブスクリプション・サービスや As a Service を進める上で、顧客データは顧客との長期的な関係を構築するために欠かせない競争力の源泉になるということです。

　日本経済新聞 2020 年 12 月 24 日朝刊 15 面では、スポーツ用品メーカーのアシックスが、内蔵センサーで走り方を分析する新しいシューズを発売したと紹介されています。先ほどスマートネス・エコノミーの紹介をしましたが、このようなシューズは「スマートシューズ」と呼ばれ、ナイキなども既に始めています。スマートシューズの靴底から得られる走行データを分析して、自社の新製品開発や医療、生命保険、スーパー（食材）での利用を見込み、提携戦略を加速するとのことです。これ以外でも、TOTO が大和ハウスと組んで、自宅で健康チェックができる在宅健康チェックシステム「インテリジェントトイレ」（これは「スマート」ではなく「インテリジェント」です）を 2021 年 4 月から発売しました。このインテリジェントトイレは、毎日の排便・排尿で「尿酸値」「血圧」「体脂肪」「体重」の 4 つが測定できて、個人分を個別に測定・記録できて PC にダウンロードすることもできます。このように日本の生活必需品産業においても、様々な分野で「データ」を活用したビジネスモデルの構築が進んでいます。

　ただ、先ほど紹介したように、日本はデジタル技術の取り込みが遅れているのと同時に、データの活用も進んでいません。令和2年版情報通信白書（ICT白書）は、日本企業2,003社の今後のデータ活用について質問したところ「今後もデータを活用する予定はない」という割合が4割から5割前後に達していることがわかりました。また、同白書は、データ収集・蓄積・処理の導入状況を、米国、ドイツと比較していますが、「導入するかどうかわからない」という検討レベルにも達していない企業が、他の2カ国に比べて日本は圧倒的に多いことが判明しています。今後の企業の生産性がデータ活用に大きく左右されることを考えると、これは非常に憂慮すべき結果だと言えます。同年度の情報通信白書は、ドイツのヨーロピアン・エコノミック・センター（Center for European Economic Center：ZEW）の研究者2人のビッグデータ・アナリティックスとイノベーションの関係を調査した論文を紹介しています。同論文は、「ビッグデータを採用している企業はそうでない企業に比べて、イノベーションの創出が統計的に有意な差で多い。（中略）ビッグデータは、今起こっているビジネスのデジタル・トランスフォーメーションや、イノベーションと新たなビジネスモデルを創出するための鍵になる役割を果たしていくだろう」と結論づけています[29]。今やデータは「21世紀の石油」と言われるまでに重要性を増しているのです。

　このように顧客データの収集・分析は非常に重要になる反面、その活用については、留意すべき点がいくつかあります。一つ目は、個人情報保護の問題です。個人情報（パーソナル・データ）を広告に使うフェイスブックやグーグルが個人情報保護の観点から、世界各国で問題視されていることは広く知られています。日本においても、学生の内定辞退率などの個人情報が企業に売られていた「リクナビ事件」は、大学を始めとした就活関係者に衝撃を与えました。また、欧州では「クッキー」[30]と呼ばれる個人の閲覧履歴データやIPアドレスなどの情報共有まで規制する動きが高まっています。今後は、そもそもネット上の個人情報

（パーソナル・データ）は誰の所有物なのかといった議論にまで広まってくるでしょう。日本では個人情報保護法は定期的に改訂されるようになっていますが、個人情報（パーソナル・データ）の共有や流用は、顧客との長期的関係を築くどころか壊すことにつながりやすいので、細心の注意を払うことが必要です。

　次に注意しなければならないのは、いくらサイバー空間が広がって、データの取引量がエクスポネンシャル（指数関数的）に拡大しても、リアル空間での物理的な制約によって、デジタル・データの流通が妨げられる可能性があるということです。例えば、5G の性能をフルに活用するためには多数の基地局建設が必要です。また、GAFAM や BAT などの巨大 ICT 企業は世界各地に巨大なデータセンターを持ち、そこで凄まじいまでの電力を消費しています。実際、現在のサーバーを使って人間の脳と同じ処理ができるようなコンピュータのシステムを構築すると、その消費電力は原発一基分に相当すると言われています[*31]。AI（人工知能）がいくら凄くてもエネルギー効率は人間の脳には敵わないのです。また、急速に進められる電気自動車（EV）にしても、走行するにあたっては炭素を出しませんが、その燃料である電気を作るのに火力発電を使っていたのでは気候変動問題解決上は何の意味もありません。

　令和 2 年版情報通信白書は、データセンターをつなぐための国境を超えたデータ通信の 99％は海底ケーブルによって実現されており、海底ケーブルの敷設は最近では通信事業者だけでなく GAFAM などは自前の高速海底ケーブルを積極的に敷設して各国にある自社のデータセンターを結んでいると報じています。また、週刊東洋経済の 2021 年 3 月27 日号は、コロナ禍などでデータセンターやスマートフォン・PC、家電・ゲーム、電気自動車（EV）などの需要急拡大により、各産業で半導体の奪い合いになっており「半導体パニック」が起きていると特集しています[*32]。これなどもリアル空間での新たな制約要因になってきています。このように、データエコノミクスを推進するためには、電力や

海底ケーブル、半導体製造、5G の基地局といったリアル空間でのインフラ整備が最重要だということです。特に、日本は、福島原発事故によってエネルギー政策に大きな支障が生じており、地熱エネルギーやバイオマス、太陽光などの再生可能エネルギーの開発が喫緊の課題です。このような制約は、一私企業でコントロールできることではありませんが、ビッグデータの蓄積や活用においては、通常のセキュリティ対策や個人情報（パーソナル・データ）保護に加えて、安定稼働環境を整備するなどの十分なリスク管理が必要です。

7 有形資産から無形資産への価値源泉のシフト： デジタルなら高く売れる？

　次に重要な視点が、「有形資産から無形資産への価値源泉のシフト」です。ビッグデータ等への投資が増え、データエコノミーが進展するにしたがって、デジタル技術を活用する企業の中では、無形資産（Intangible Assets）の割合が増えてきていると言われています。有形資産（Tangible Assets）が工場や土地、生産設備、建物などのように目に見える資産なのに対し、無形資産とは、特許や商標など知的財産（Intellectual Property）や営業権（Goodwill：買収企業の買収額から会計上の簿価を引いたもの）、ソフトウェア、デジタルコンテンツ、ブランドや販売権、ノウハウ、顧客データ、研究開発の成果物等々、様々な目に見えない資産を意味します。ここで問題なのは、財務会計上、他社から取得した無形資産は資産計上してバランス・シートに計上するのですが、ブランドやノウハウ、顧客のビッグデータ、卓越したビジネスモデル、多くの研究開発成果など、主に社内で創造された無形資産は資産計上される仕組みにはなっていないということです。したがって、ほとんどの無形資産は、文字通りバランス・シート上「見えない」ということになります。また、研究開発投資の会計処理は、国際会計基準（IFAS）と米国会計基準（US GAAP）、日本会計

基準によっても異なり、厳密な国際比較が難しい状態です。同様に、経営資源の中でも最も大切と言われている人財（Human Resource）も人件費として費用計上されるだけでバランス・シートには一切出てきません。先ほど、日米主要企業の時価総額の違いはほとんど説明できないと述べましたが、それはこのような財務会計上の限界に由来しています。

　このように考えていくと、時価総額（株価×発行済株式数）と簿価（会計上の純資産）の差は、ほとんど無形資産の価値に由来するということになります。米国の資産運用会社である PGIM は、2020 年に「米国 S ＆ P 500 企業の市場価値の 85％が無形資産に由来する」という報告を出しましたが、これなどは無形資産の価値を「有形資産以外の資産によって生み出される価値の総額」と考え、時価総額をベースとして試算したものです。やはり「時価総額の高い企業は、その価値の大半を無形資産から生み出している」ということになります。そして、筆者は、無形資産の中でも「ビジネスモデル」や「顧客ビッグデータ」が、企業価値を高める重要な要素の一つになっているのではないかと考えています。

　英国のジョナサン・ハスケル（Jonathan Haskel）とスティアン・ウェストレイク（Stain Westlake）は、著書「無形資産が経済を支配する（Capitalism without Capital）」[33] の中で、無形資産の特徴として、次の 4 つの S を挙げています。
① スケーラビリティ（Scalability）
　　物的資産（有形資産）は、同じ時間に様々な場所で使うことはできないが、無形資産は同時に何度も何度も違う場所で使うことができる。例えば、ネットフリックスの映像コンテンツは、同じものを同じ時間に世界中の人々が観ることができる。そして、このようなスケーラビリティ（拡張可能性）はネットワーク効果によって増幅される。
② サンク性（Sank Cost：埋没コスト）
　　サンク・コスト（埋没コスト）とは、「既に投入してしまっているために事業撤退や清算した時に戻ってこないコスト」のことだが、

　有形資産と違って無形資産の場合は、サンク・コスト（埋没コスト）は非常に回収しにくい。例えば、ある企業が倒産して清算する時に、土地や建物といった有形資産は売却しやすいが、ブランドや事業ノウハウなどは値段がつかないことが多い。無形資産のサンク性によってバブル経済が誘発されることも多いが、研究開発投資などでは他の目的に流用できることもあり創発的な特性もある。

③　スピルオーバー（Spill Over）

　有形資産に比べ、無形資産は自社だけでなく他社が活用することも比較的簡単である。革新的なアイデアや研究成果は、余程特別に知的所有権で守られていない限りは、他社が使うこともできる。このように無形資産は、自社だけでなく他社に「こぼれ落ちる」（スピルオーバー）ことが可能になるという特性がある。

④　シナジー（Synergy）

　シュンペーターは「イノベーションは様々な知が結合したもの」と定義したが、アイデアは他のアイデアと組み合わさることで威力を発揮する。有形資産に比べて、アイデアや研究開発成果、デザインといった無形資産は、それぞれ組み合わせがしやすくイノベーションの創出によって価値を生み出しやすくする。

　ハスケル＆ウェイストレイクの 4 つの S を要約すると、無形資産は、使い方が悪いと無価値になって棄損のリスクは大きくなるものの（サンク性）、同時に多くの人々が使うことができ（スケーラビリティ）、自社だけでなく他社も使いやすく（スピルオーバー）、組み合わせ易くてイノベーションを生みやすくなる（シナジー）という特性を持っているということです。こうしてみると、無形資産は、チェスブロウの唱えたオープン・イノベーションやオープン・サービス・イノベーションと非常に親和性が高いことがわかります。

　ただ、最近では、無形資産のうちでもデジタルコンテンツ（デジタル商品）については、ブロックチェーン技術による「非代替性トークン

（NFT）」によって唯一無二の資産に変換され、高額で取引されている
ようです。2021 年 3 月に、米国人アーティストの Beeple（ビープル）
が制作したデジタルアーツ（タイトル：Everydays：The First 5,000
Days）が、競売大手のクリスティーズ（Christie's）によって競売にか
けられ、6,930 万ドル（約 76 億円）という驚くべき高値で落札されまし
た。通常デジタル商品は、スケラビリティがあっていくらでもコピー可
能ですが、このデジタルアーツは「非代替性トークン（NFT）」によっ
てコピーできない資産に変換されています。この話は 2 つの示唆を含ん
でいます。一つ目は、デジタル商品は明らかにバブルだということ。二
つ目は、デジタルという無形資産は、ブロックチェーン技術によってス
ケラビリティのない代替不可能な資産にも変えられるということです。
ちなみに、デジタル世界でビジネスをするネットフリックス（Netflix）
は、2020 年 12 月末時点で会計上の総資産の約 3 分の 2 が映像デジタル
コンテンツという無形資産です。この資産価値（会計上の簿価）は約
254 億ドル（約 2.7 兆円）ですが、ネットフリックス（Netflix）の時価
総額（2021 年 6 月 11 日時点）は約 2,167 億ドル（23.8 兆円）にも達し
ています。わずか 1 枚のデジタルアーツが 6,930 万ドルで売れたとなる
と、ネットフリックス（Netflix）の時価総額 2,167 億ドルにも妙に説得
力があります。

最後に

　第4部では、様々な形で、イノベーションとビジネスモデルの関係を考察してきました。第10章では、IBMやゼロックスのPCにおける失敗の事例や、20世紀に電気自動車（EV）が急に市場から撤収された事例、デジタルカメラを早々に発明しながら事業化できなかったコダックの事例などを通じて、イノベーションの普及にとってメイン・ストリーム事業の壁がいかに厚いか、あるいはメイン・ストリーム事業のビジネスモデルがいかにイノベーションの普及の妨げになるかを見てきました。

　そして、第11章では、ロジャースのイノベーションの普及理論やムーアのキャズム理論、ディアマンディス&コトラーのエクスポネンシャル・テクノロジーの6つのステージを紹介し、新製品や新技術などのイノベーションを商用化・事業化することは決して簡単なことではなく、テクノロジー同士の融合による進化、そして、なによりもビジネスモデル・イノベーションがあって初めて事業化できる（普及する）ケースが多いことを見てきました。

　最後の12章では、更にいろいろな形で、ビジネスモデル・イノベーション（刷新）の重要性を強調してきました。時価総額（市場価値）の高いGAFAMやテスラ、ネットフリックスは、事業の柱の一つとして顧客ビッグデータを活用したサービス・ビジネスが入っており、ビジネスモデル・イノベーションを実現しながら、サイバー空間の中で飛躍的にビジネス機会を拡大してきました。また、現在一番大きな経営課題になっているデジタル・トランスフォーメーション（DX）も、ビジネスモデル・イノベーションと表裏一体となって進めなければ大きな効果は期待できません。

　しかし、過去に成功体験のある多くの日本企業は、なかなかビジネスモデルが変えられません。特に、現在の売上や利益の多くを依存してい

るビジネスモデルと、ビジネスモデル・パートナーを替えることは、一時的に大きな痛み（大きな売上・利益減、パートナーの離反）を伴います。特に、物販中心のフロー・ビジネスが中心の会社が、サービス中心のストック・ビジネスにビジネスモデルを転換することは、そう簡単ではありません。

　日本企業の場合は、ビジネスモデルというと非常にオペレーショナルなイメージがあり、「ビジネスモデルを変えるのはCOO（最高業務執行責任者）がやるものであってCEO（最高経営責任者）のやることではない」といった感覚を持っている経営者も多いのではないでしょうか。しかし、実際は経営トップの強力なリーダーシップがないとビジネスモデル・イノベーションは起きません。

　米国においては、サービス化に向かうような大きなビジネスモデル変革の際は、CEOが率先垂範して企業文化から変えるような大きな変革を行っています。その典型的な例として挙げられるのがマイクロソフトです。第3部でも述べたように、PCがデバイス機器の中心だったころはインテルとともに「ウィンテル帝国」を築きましたが、その後、米司法当局からの独禁法提訴への対応などもあり、スマートフォンの時代になるとICT業界の覇権はアップル社に移り、「PCでは勝ったがスマホでは負けた」マイクロソフトは急速に輝きを失います。しかし、2014年に、CEOがサティア・ナデアに変わり、ビジネスモデルの変革とともに全面的な企業文化の革新や組織改革を実行しました。ナデアが行ったビジネスモデルの変革は2つで、一つ目は「ソフトウェアをバージョンアップして買い替えをプッシュする」という物販モデルから、法人向けのクラウド・サービスを拡充する形への方向転換、二つ目は、様々なベンダーと協調するオープン・ビジネスモデルへの転換です。ナデアは、クラウド・サービスを遂行する上で重要になるのは、広い範囲でパートナーと協調してマルチベンダー化することだと考えました。レビットのプロダクト理論ではないですが、サー

ビス化して個別の顧客の要望に応えていこうとすれば自社だけでは不可能で、戦略的なパートナーも必要です。実際、CEO がサテアに変わってから、長年の宿敵だったアップルやセールスフォース・ドットコムとも協業関係に入ることになります。また、ゲーム分野ではソニーともパートナーシップを組みました。このようなビジネスモデル変革への流れは前任のスティーブ・バルマーの時からありましたが、ナデアは、「Mission（ミッション）」の変更から始まり、「Our Culture」や「10 の行動規範（inclusive behavior）」を作り、マイクロソフト社員の世界観を変えるようなメッセージを出し続けるなど、企業文化の変革に努めました。その結果、マイクロソフトにはクラウド・サービスという収益の柱が加わり、リモート会議ツールである Teams も好調です。B2C と B2B、物販とサービス、AI（人工知能）や MR（Mixed Reality）といった新技術の実用化、といったバランスの取れた事業構造が実現して、ナデア就任後は株価（時価総額）も大きく伸長しました。また、世界的な経営課題になっている気候変動問題への取り組みでも、マイクロソフトは、「1975 年の創業以来排出してきたすべての炭素を 2050 年までに環境から除去する」ことを目標に掲げ、カーボン・ネガティブ（炭素の排出をやめるだけでなく除去する）な技術開発への取り組みを宣言しました。これも繰り返しになりますが、事業構造的にも財務体質的にも社会的課題への取り組みの観点でも、マイクロソフトの復活はめざましいものがあります。

　そして、更に時代を遡ると、IBM がビジネスモデルをサービスに変革した際のルイス・ガースナーの大改革が挙げられます。IBM の PC の話は第 10 章で既に紹介しましたが、その後、1991 年から 3 年連続で赤字になるなど、IBM の業績は連邦破産法（Chapter 11）申請の噂が出るほど悪化します。そこで、IBM としては初めて生え抜き以外の CEO を招聘することになります。そこで白羽の矢にたったのがアメリカン・エクスプレスや RJR ナビスコの CEO を歴任したルイス・ガース

ナーでした。ガースナーが IBM の CEO に就任したのは 1993 年 4 月 1 日（これは第 2 四半期のスタート日）でした。ガースナーが CEO に就任した時の IBM は典型的な大企業病に罹っており、官僚主義が蔓延し、顧客を無視した内向き企業になっていました。ガースナーは、事業のビジネスモデルを、ビジネス・プロセス・アウトソーシング・サービス（BPO）、IT コンサルティング、システム・インテグレーション、教育・研修といったサービスに変革するために、強烈なリストラクチャリングによる人員削減とともに、企業文化や行動様式の変革も断行しました。製品本位から顧客本位、アイデアと意見の多様性の重視、アーモンク（IBM の本社所在地）中心からグローバル視点へ、と変革したのです。これにより、IBM は「サービス会社（IBM means Service）」として復活することができました。ちなみに、ガースナー CEO 就任時（1993 年）の IBM の事業構造は、ハードウェア関連収益（約 73.5 ％）、ソフトウェア関連収益（4.9 ％）、サービス関連収益（11.5 ％）でしたが、ガースナー退任時（2001 年）には、ハードウェア関連収益（39.1 ％）、ソフトウェア関連収益（15.0 ％）、サービス関連収益（40.6 ％）というようにサービス関連収益がハードウェア関連収益を上回っています[*34]。まさに「巨象でも踊った」のです。

　それから更に約 20 年が経ち、IBM は更にビジネスモデルを刷新してクラウド・サービスに舵を切っていくために、2018 年 10 月、Linux（リナックス）等のオープンソース・ベンダーであるレッド・ハット（Red Hat）を約 340 億ドルで買収し、2020 年 4 月に、CEO がジニ・ロメッティからレッド・ハット買収の責任者だったアービンド・クリシュナに替わりました。このように、大企業がビジネスモデルを変革することは、CEO の交代を伴う大きなタスクなのです。

　最後に、ビジネスモデルの考え方は、大企業だけでなくスタートアップ企業や中小企業にとっても非常に重要です。第 9 章のメイカーズ・ムーブメントのところでも述べましたが、製造業にかかわらず、10 年

ほど前に比べると、スタートアップ企業が成長するための社会的なインフラストラクチャーが整ってきていると思います。米国シリコンバレーでは、起業の際に、実用最小限の商品（Minimum Viable Product：MVP）の構築・計測・学習を繰り返して事業化を図る「リーン・スタートアップ（The Lean Startup）」*35 の考え方が注目を集めていますが、このリーン・スタートアップを可能にする事業環境が整いつつあります。資金調達面ではクラウド・ファンディング、人材面ではクラウド・ソーシング、情報システム面ではクラウド・コンピュータ、新製品のモックアップ作りでは 3D プリントサービス、販売・マーケティングでは D2C サービス、顧客の反応を見たい時は b8ta（ベータ）に出品してみるといったように、何回でも失敗して試行錯誤を繰り返せるようになりました。

　また、起業を志すスタートアッパー達の参考になる新しいビジネスモデルの探索もいろいろとできるようになりました。米国のニュース放送局 CNBC は、毎年、未上場でも大企業を凌駕するような破壊力を持つスタートアップ企業 50 社を「Disruptor 50」として公開しています。2020 年のトップ 3 には、EC サイトの決済サービスなどを行うフィンテック企業の Stripe、韓国のアマゾンと言われる EC 企業 Coupan、農業改革を目指すアグリテック企業である Indigo Agriculture など、破壊力のある企業がノミネートされています。また、書籍もいろいろと出版されており、ビジネス・ブレークスルー大学教授の斉藤徹氏の「業界破壊企業　第 2 の GAFA を狙う革新者たち」*36 や、既に紹介した山本康正氏の「スタートアップとテクノロジーの世界地図」*37 などを通じて、米国を中心とした世界各地のスタートアップ企業のビジネスモデルを探索することもできます。推定企業価値が 10 億ドル以上で、未上場、設立 10 年以内のハイテク中心のスタートアップ企業を「ユニコーン企業」と呼びます。2021 年 4 月 22 日時点で世界では約 650 社のユニコーン企業が存在すると言われていますが、そのうち米国が 337 社、中国企業が

142社、インド企業は31社で、日本企業はわずか5社に止まっていま
す*38。そして、ユニコーン企業の世界トップ10で見ても、トップ10
のうち6社が米国企業、3社が中国企業、1社がインド企業で占められ
ており、日本勢の存在感はありません。

　この背景として、米国や中国と比べて日本のベンチャー・キャピタル
が脆弱だということや、政府の岩盤規制で新規事業が育たないといった
構造的な問題、日本人の失敗に対する不寛容さ等々、様々な原因が考え
られます。しかし、卓越したアイデアや商品であれば、お金は国境を超
えて集まるはずです。そして、その商品やアイデアを事業に変えるには
革新的なビジネスモデルが必要になるのです。

第4部 注

1. クレイトン・クリステンセン著、玉田俊平太監修・伊豆原弓訳（2001年）「イノベーションのジレンマ　技術革新が巨大企業を滅ぼすとき」SHOEISHA

2. ルイス・ガースナー著、山岡洋一＆高遠裕子訳（2002年）「巨象も踊る」日本経済新聞出版、P.165

3. ゼロックス・パロアルト研究所が様々なコンピュータ技術の開発に果たした役割については、以下の本に詳しく載っている。
   Michael A. Hiltzik, (1999), Dealers of Lightening: Xerox PARC and the Dawn of the Computer Age, HARPER

4. ダグラス・K・スミス＆ロバート・C・アレキサンダー著、山崎賢治訳（2005年）「取り逃がした未来―世界初のパソコン発明をふいにしたゼロックスの物語（原題：Fumbling the Future: How Xerox Invented, then Ignored, the First Personal Computer)」日本評論社、を参考に記述した。

5. ウォルター・アイザックソン著、井口耕二訳（2019年）「イノベーターズⅡ　天才、ハッカー、ギークがおりなすデジタル革命史」講談社、P.179

6. ウォルター・アイザックソン著、井口耕二訳（2019年）「イノベーターズⅡ　天才、ハッカー、ギークがおりなすデジタル革命史」講談社、P.185

7. ジェフリー・ムーア著、川又政治訳（2002年）「キャズム　ハイテクをブレイクさせる『超』マーケティング理論」SHOEISHA、PP.11-12

8. マット・リドレー著、大田直子訳（2021年）「人類とイノベーション　世界は『自由』と『失敗』で進化する」NewsPicksパブリッシング、P.25

9. 富士フイルムでは、以前は富士写真フイルムという社名であったが、2006年に「写真」の文字が社名から消えた。

10. マーク・ジョンソン著、池村千秋訳（2011）「ホワイトスペース戦略　ビジネスモデルの〈空白〉を狙え」阪急コミュニケーションズ、PP.233-234

11. 山口周著（2013年）「世界で最もイノベーティブな組織の作り方」光文社新書、PP.134-136

12. 山口周著（2013年）「世界で最もイノベーティブな組織の作り方」光文社新書、PP.132-134

13. マット・リドレー著、大田直子訳（2021年）「人類とイノベーション　世界は『自由』と『失敗』で進化する」NewsPicksパブリッシング、P.237

14. デジタル・エクイップメント社は、1957年に設立されたDEC（デック）の愛称

で親しまれた米国コンピュータ会社で、1970年代中盤からミニ・コンピュータ市場を牽引した。1998年にコンパックに買収され、さらにコンパックは2001年にヒューレット・パッカード（HP）に買収されている。

15. マット・リトレー著、大田直子訳（2021年）「人類とイノベーション　世界は『自由』と『失敗』で進化する」NewsPicksパブリッシング、PP.302-303

16. エベレット・ロジャース著、三藤利雄訳（2007年）「イノベーションの普及」SHOEISHA、P.49　ロジャースの「Diffusion of Innovation」は何回も改訂され、訳本も数冊ででているが一番新しい三藤利雄教授の訳本を参考にした。

17. ジェフリー・ムーア著、川又政治訳（2014年）「キャズム　ver2」SHOEISHA、PP.150-158

18. ジェフリー・ムーア著、川又政治訳（2014年）「キャズム　ver2」SHOEISHA、P.32

19. エベレット・ロジャース著、三藤利雄訳（2007年）「イノベーションの普及」SHOEISHA、PP.150-211（第4章：イノベーションの属性とその採用速度）

20. ピーター・ディアマンディス＆スティーブン・コトラー著、山本康正解説、土方奈美訳（2020年）「2030年すべてが『加速する』世界に備えよ」NewsPicksパブリッシング

21. ジェレミー・リフキン著、柴田裕之訳（2015年）「限界費用ゼロ社会〈モノのインターネット〉と共有型経済の台頭」NHK出版

22. マーク・ジョンソン、クレイトン・クリステンセン、ヘニング・カガーマン（2009）「Reinvesting Your Business Model：邦題（ビジネスモデル・イノベーションの原則）」DIAMOND　ハーバード・ビジネス・レビュー2009年4月号

23. 日本経済新聞2021年5月9日朝刊第5面、清水石珠美「NYタイムズ前CEOインタビュー　メディアのDV投資惜しまず」

24. 日本経済新聞2021年4月20日朝刊第13面「トヨタ、EVも原価低減」

25. 総務省編（2019年）「令和元年版　情報通信白書（ICT白書）　進化するデジタル経済とその先にあるSociety5.0」、P.138

26. フレデリック・ラルー著、嘉村賢州解説・鈴木立哉訳（2018年）「ティール組織」英治出版

27. ピーター・ディアマンディス＆スティーブン・コトラー著、山本康正解説、土方奈美訳（2020年）「2030年すべてが『加速する』世界に備えよ」NewsPicksパブリッシング、PP.138-139

28. 大前研一著、吉良直人訳（2001年）「大前研一『新・資本論』—見えない経済大陸へ

挑む」東洋経済新報社、この本は、先に「The Invisible Continent」というタイトルで米英においてベストセラーになり、その後日本語に翻訳されている。

29. 総務省編（2020年）「令和2年版　情報通信白書（ICT白書）」、PP.221-222

30. クッキー（cookie）とは、WEBサーバーからユーザーのWEBブラウザに送られる、ユーザーのデータを保存していくためのファイルで、例えば、ショッピングサイトやユーザー会員サイトなどでは、ユーザーのIDやカートの情報をクッキーに保存しているが、これに規制が入るとなるとサイト・オーナーもユーザーも便益性に大きな制約がでてくる懸念がある。

31. 南川明著（2019年）「IOT最強国家ニッポン　日本企業が4つの主要技術を支配する時代」講談社＋α新書、P.65

32. 高橋玲央・木皮透庸、週刊東洋経済2021年3月27日号「全解明　半導体パニック　争奪戦の深層」PP.50-55

33. ジョナサン・ハスケル＆スティアン・ウェストレイク著、山形浩生訳（2020年）「無形資産が経済を支配する　資本のない資本主義の実態」東洋経済新報社、PP.89-132

34. 森原康仁著「アメリカIT産業のサービス化　ウィンテル支配とIBMの事業構造」日本経済評論社、P.118、事業収益の合計値が100％にならないのは、これ以外に少ないながら「金融およびその他」収益があるため。

35. エリック・リース著、井口耕二訳（2012年）「リーン・スタートアップ　ムダのない起業プロセスでイノベーションを生みだす」日経BP

36. 斉藤徹著（2020年）「業界破壊企業　第二のGAFAを狙う革新者たち」光文社新書

37. 山本康正著（2021年）「スタートアップとテクノロジーの世界地図」ダイヤモンド社

38. 村山恵一「Deep Insight 小粒上場の国でいいのか」日本経済新聞2021年6月1日朝刊7面

事項索引

人名索引

著者プロフィール

関根　勇（せきね・いさむ）

帝京大学経済学部経営学科教授

1979年慶應義塾大学文学部社会・心理・教育学科卒業後、富士ゼロックス株式会社（現富士フイルムビジネスイノベーション）入社。営業、マーケティング、経理等の様々な職種や海外勤務を経験後、執行役員経理部長、執行役員営業副本部長（大手営業担当）、常務執行役員兼首都圏地域統轄販売会社社長、常務執行役員兼アジア・太平洋地域統括会社（シンガポール）CEO（最高経営責任者）等を歴任。

会社派遣により国際大学大学院（国際経営専攻）を修了、米国ゼロックス本社ファイナンス部門勤務時に米国公認会計士（U.S. CPA）を取得。2019年4月より現職。

ビジネスモデルの経営学

2021年7月21日　初版第1刷発行

著　　者　関根　勇
発 行 所　株式会社共同文化社
　　　　　〒060-0033　札幌市中央区北3条東5丁目
　　　　　Tel 011-251-8078　Fax 011-232-8228
　　　　　E-mail info@kyodo-bunkasha.net
　　　　　URL https://www.kyodo-bunkasha.net/
印刷・製本　株式会社アイワード

ISBN 978-4-87739-356-4